hänssler

Praxisbuch

Praxisbuch

Familien-Gottesdienst

Hans-Jörg Käsch (1965), 1986–89 Studium der Sozialpädagogik
in Bochum. 1991–1995 hauptamtliche Kinder- und Familienarbeit
in zwei Gemeinden des Christlichen Gemeinschaftsverbandes
Mülheim an der Ruhr. 1993 Mitarbeiterschulung für Kinder- und
Jugendarbeit bei Jugend mit einer Mission, Schweiz.
Seit 1995 als Sozialpädagoge in einem Kinderheim tätig. Hans-Jörg
Käsch ist verheiratet und hat vier Kinder.

Die Deutsche Bibliothek – CIP-Einheitsaufnahme

Käsch, Hans-Jörg:
Praxisbuch Familiengottesdienst / Hans-Jörg Käsch. - Neuhausen/
Stuttgart : Hänssler, 1998
    ISBN 3-7751-3028-4

hänssler-Praxisbuch
Bestell-Nr. 393.028

Umschlaggestaltung: Daniel Kocherscheidt
Innenillustrationen: Knut Thomas Adler
Titelfotos: idea-Bild
Satz: Vaihinger Satz + Druck
Druck und Verarbeitung: Ebner Ulm
Printed in Germany

Inhalt

1. Wie sieht ein Familiengottesdienst aus?

Wie sieht ein

Familiengottesdienst aus?

1.1.

Familiengottesdienste sind eine tolle Sache. Es ist nur eine von vielen Möglichkeiten einen Gottesdienst zu feiern. Warum feiern wir überhaupt Familiengottesdienste?

- Verschiedene Generationen kommen zusammen.
- Wir lernen Rücksicht aufeinander zu nehmen.
- Mehr Leute können sich im Gottesdienst einbringen.

Dieses Praxisbuch soll eine Arbeitserleichterung für alle die sein, die gerne Familiengottesdienste in ihrer Gemeinde veranstalten wollen und Ideen dafür brauchen.

Ganz wichtig für einen Familiengottesdienst, wie überhaupt in der Arbeit mit Kindern, ist es zu wissen, was man erreichen will.

- Man muss ein thematisches Ziel haben
  (z. B. Dankbarkeit).
- Dieses Ziel sollte man möglichst konkret formulieren
  (z. B. Sei dankbar! oder Ich bin dankbar!).
- Es muss in den Erfahrungshorizont der Kinder
  hineinpassen.

Z. B. das Thema:

Die Bedeutung der Stiftshütte im Alten Bund für mein Leben als Zeuge Jesu im Neuen Bund – das ist sicher irgendwie interessant, aber für Kinder schwer verständlich.

Es ist eine gute Hilfe, das Ziel in einem Satz zu formulieren, den man im Lauf des Gottesdienstes immer wiederholt. Durch Wiederholung lernt man. Je öfter man Dinge wiederholt, desto besser behält man sie. Man sollte es aber auch nicht übertreiben.

Dieser Zielgedanke kann ein Wort, ein Satz, ein Bibelvers, ein Liedvers o.a. sein.

Der Zielgedanke sollte auch in den Erfahrungshorizont der Erwachsenen passen, denn die sind mit im Gottesdienst. Man darf den Zielgedanken also auch nicht zu eng machen (z.B. Gott hilft mir im Kindergarten! Besser: Gott hilft mir immer und überall!).

Eine Gefahr – besonders bei kreativen Leuten – besteht darin, dass sie im Eifer des Gefechtes Dinge planen die peinlich, kindisch, lächerlich oder unpassend sein können. Was passend oder unpassend ist, wird von Gemeinde zu Gemeinde sehr unterschiedlich sein. Achten sie darauf, dass es zu Ihrer Gemeinde passt, damit alle mit ganzem Herzen mitmachen können.

Es sollte auch niemand bloßgestellt werden. Wir sollten uns über niemand anderen lustig machen, (höchstens noch über uns selbst).

Man sollte immer bedenken, dass der Familiengottesdienst alle Generationen zusammenführt.

Es wird oft Kritiker geben, die sagen, sie fühlen sich wie in der Kinderstunde, deshalb sollten wir solchen Leuten nicht noch berechtigten Anlass zur Kritik geben.

Wenn Sie also besonders kreativ sind und verrückte Ideen haben, dann danken Sie zuerst Gott dafür. Solche Leute brauchen wir. Sind Sie sich jedoch unsicher, wie die tolle Idee, die Sie gerade haben, in Ihrer Gemeinde ankommt, dann fragen Sie jemanden, dessen Rat sie schätzen, ob man diese Idee umsetzen kann.

Es ist überhaupt eine gute Hilfe, wenn man ein Team hat, das die Familiengottesdienste plant und vorbereitet. Die Verantwortung und die Arbeit wird so auf mehrere Schultern verteilt.

Die einzelnen Teile des Familiengottesdienstes kann man gut auf verschiedene Leute aufteilen. Dadurch ist keiner überlastet und jeder kann sich auf seinen Teil konzentrieren. Es hilft auch den Kindern und Erwachsenen konzentriert zu bleiben, denn die Abwechslung fördert die Konzentration.

Die Stärken des einen (z. B. die verrückten Ideen) ergänzen sich gut mit den Stärken des anderen (z. B. verrückte Ideen in die Tat umsetzen).

Im Team kann man einen Gottesdienst dann auch gut reflektieren. Was war gut? Was war schlecht?

Bitten Sie Leute, deren Rat Sie schätzen oder die in irgendeiner Weise kompetent sind, im Voraus, den Gottesdienst »kritisch« zu verfolgen.

Nach dem Gottesdienst fragen Sie nach ihrer Beurteilung. Suchen Sie jemanden aus, der andere ermutigen und loben kann. Es ist sonst zu niederschmetternd, wenn Sie stundenlang einen Familiengottesdienst vorbereitet haben und Ihnen jemand danach nur das aufzeigt, was falsch lief.

Die meisten Entwürfe für Familiengottesdienste in diesem Buch haben ungefähr folgenden Ablauf:
• Begrüßung
• Bekanntmachung
• Gebet
• Lobpreiszeit
• Einleitung zum Thema des Gottesdienstes
• Bibelvers lernen
• anschauliche Predigt für Kinder (und Erwachsene)
• kurze Predigt für die Erwachsenen und Teenies
• Abschluss, Gebet

Ich denke nicht, dass dieser Ablauf der beste und einzig mögliche ist, aber er hat sich bei uns so ergeben und durch die inhaltlichen Variationen wird es nicht langweilig.

Ich möchte hier die einzelnen Punkte nur so weit erklären, wie es nötig ist, um die später folgenden Entwürfe für die Familiengottesdienste zu verstehen.

Begrüßung

Die Begrüßung sollte frisch und fröhlich sein. Sie ist der Beginn des Gottesdienstes.

Der Einstieg sollte zum Mitmachen und Mitfreuen motivieren. Erwartungen sollten geweckt werden. Wenn die Begrüßung langatmig oder langweilig ist, werden mögliche Erwartungen und Vorfreude erstickt. Oder die Leute schlafen, weil sie sowieso noch müde sind, wieder ein.

Eine gute Möglichkeit für Begrüßungen ist, dass man die Gemeinde sich selbst begrüßen lässt.

Sicher vielen bekannt ist die Möglichkeit, sich umzudrehen und den Nachbarn persönlich zu begrüßen.

Man kann die Leute auffordern, sich gegenseitig einen bestimmten Satz zu sagen. Bei solchen Aufforderungen sollte man sich gut überlegen, wozu man die Leute auffordert, damit jeder den Satz mitsprechen kann, ohne lügen zu müssen.

Aus der Kinderarbeit kennen viele sicher auch die Überraschungsstühle. Unter einen oder mehrere Stühle werden Dinge geklebt oder sonstwie befestigt als ein Geschenk für die Person. Das sind dann die Ehrengäste.

Viele Gemeinden bitten Besucher, die das erste Mal im Gottesdienst sind, aufzustehen. Dann müssen diese sagen, woher sie kommen, werden beklatscht und bekommen ein Geschenk.

Manche Besucher mögen das schön finden, anderen ist es eher peinlich. Gerade in kleinen und übersichtlichen Gemeinden kann man Besuchern lieber persönlich nach dem Gottesdienst ein kleines Geschenk oder Gemeindeinformationen schenken. Dadurch hat man auch gleich einen Anknüpfungspunkt für ein Gespräch. In großen Gemeinden mag das unmöglich sein.

Eine Hilfe, die Begrüßung lebendig zu machen, sind auch Handpuppen.

Als Einstieg und Begrüßung in den Familiengottesdienst kann man auch ein bestimmtes Lied nehmen. Dieses Lied ist dann die Erkennungsmelodie für Familiengottesdienste.

Wenn man kreative Leute in der Gemeinde hat, kann man so eine Erkennungsmelodie selbst machen (lassen).

Bekanntmachungen

Bekanntmachungen sind manchen sehr wichtig, andere meinen, man könne ganz darauf verzichten. Nach dem Motto: Die Leute vergessen sowieso, was gesagt wurde.

Irgendwo in der Mitte dieser beiden Aussagen liegt wahrscheinlich die Wahrheit. Deshalb sollten die Bekanntmachungen im Familiengottesdienst auf das Allernötigste beschränkt bleiben. Allzulange Erklärungen und Informationen nehmen nur Zeit und Konzentration weg.

Bekanntmachungen wie Geburtstage kann man gut mit in den Gottesdienstablauf einbauen. Z.B. indem man die Leute, die Geburtstag hatten, nach vorne ruft und für sie betet, oder sie für den Gottesdienst beten lässt.

Gebet

Auch das Gebet sollte nicht zu lang werden. Man kann für den Gottesdienst selbst beten oder für aktuelle Gemeindeanliegen. Wenn sonst im Gottesdienst eine halbstündige Fürbittezeit auf dem Programm steht, sollte man diese wesentlich verkürzen.

Das heißt nicht, dass man nicht mit Kindern Fürbitte tun kann oder sollte. Sondern man muss solche Zeiten besonders abwechslungsreich gestalten.

Am Anfang des Gottesdienstes ist ein kurzes Gebet jedoch am besten. Ausführliche Fürbitte oder Segnungszeiten sollte man an das Ende des Gottesdienstes legen.

Lobpreiszeit

In den Entwürfen werde ich keine Liedvorschläge geben, weil das Liedgut in den einzelnen Gemeinden zu unterschiedlich ist. Jeder sollte aus seinem Repertoire die Lieder aussuchen, die zum Thema passen.

Wenn man nicht direkt zum Thema passende Lieder hat, sollte man nicht versuchen auf Biegen und Brechen alles in diese Richtung zu bringen. Die Lobpreiszeit kann unabhängig vom Thema eine fröhliche, spontane, lebendige Zeit sein, in der man Gott seine Dankbarkeit bringt und ihm seine Liebe zeigt (auch durch Bewegungen des ganzen Körpers).

Es ist nicht so schwer, sich zu verschiedenen Liedern einfache Bewegungen zu überlegen und beim Singen vorzumachen.

Eine gute Hilfe sind die Kinder selbst. Man kann gut mit ihnen zusammen Bewegungen für ein Lied überlegen. Das kann vielleicht sogar im Gottesdienst geschehen. Oder sonst macht man das vorher in einer Kindergruppenstunde. Vielleicht entsteht daraus eine Kindertanzgruppe, die die Gottesdienste öfter bereichern kann.

Wer in einem Familiengottesdienst lange und intensive Zeiten der Stille erleben möchte, wird wahrscheinlich enttäuscht werden.

Das heißt nicht, dass man keine ruhigen Anbetungslieder singen darf, aber gerade wenn viele Kleinkinder im Gottesdienst sind, sollte diese Zeit eher kürzer sein.

Sollte man in den Lobpreiszeiten spezielle Lieder für Kinder singen?

Ich denke man *kann* das tun, aber man muss und sollte es nicht nur.

Es gibt viele einfache Chorusse, die auch die Kinder verstehen und mitsingen können.

Die Kinder haben dadurch den gleichen Liederschatz wie

ihre Eltern und es erleichtert den Erwachsenen das Mitsingen.

Die Erwachsenen haben dann nicht das Gefühl, sie müssten nur »Kinderlieder« singen.

Dadurch wird das Miteinander der Generationen verstärkt.

Einleitung zum Thema

Durch die Einleitung werden die Gottesdienstbesucher auf das Thema eingestimmt.

Wir sagen natürlich nicht: »Jetzt kommt die Einleitung, dann der Bibelvers usw.«.

Es soll eine interne Hilfe für die Planung des Gottesdienstes sein.

Die Einleitungen sollten in jedem Gottesdienst anders sein. Sie sollten keine Kurzpredigt vor der eigentlichen Predigt sein.

Es sollte etwas sein, worauf die Leute schon gespannt warten.

Das kann eine witzige Geschichte, ein Puppenstück, ein Interview mit jemandem, ein Anspiel o.a. sein. Zu diesem Bereich wird in jedem Entwurf eine Anregung zu finden sein.

Bibelvers lernen

Man muss nicht in jedem Gottesdienst einen Bibelvers lernen. Man kann auch den Zielgedanken durch eine kreative Art und Weise in das Gedächtnis der Leute bringen.

Es stimmt, dass Kinder viel besser lernen und behalten, wenn sie etwas sehen, hören, etwas sagen und etwas tun. Aber das gleiche gilt auch für Erwachsene.

Diese Verse oder Sätze sollten nicht zu lang sein, sonst wird das Auswendiglernen mühsam und artet in Arbeit aus.

Man kann Verse gut etwas kürzen und nur einen Teil lernen lassen. Allerdings sollte der Sinn erhalten bleiben.

Achten Sie darauf, dass der Vers verständlich ist. Sind schwierige Wörter enthalten, sollte man sie erklären oder anwesende Erwachsene spontan um Erklärung bitten.

Es steigert ungemein die Aufmerksamkeit der Erwachsenen, wenn sie jederzeit eine Frage von Ihnen zu erwarten haben.

Allerdings sollte man nicht gemein sein, sonst verschreckt man Leute.

Eine gute Möglichkeit ist, die Leute zu bitten, sich zu melden, dann kann man sie auffordern.

Wenn sich keiner meldet, dann bitten Sie jemand, von dem sie wissen, dass er oder sie es verkraften.

Wenn in den folgenden Entwürfen ein Bibelvers geplant ist, wird auch eine mögliche Darbietungsweise erklärt werden. (In diesem Buch wird die Lutherübersetzung [1984] zitiert. Man kann aber auch eine andere Übersetzung verwenden.)

Anschauliche Predigt für Kinder (und Erwachsene) oder »Kinderpredigt«

Ich möchte das Wort »Kinderpredigt« gerne in Anführungszeichen setzen, weil ich denke, dass dieser Teil nicht nur für Kinder ist.

Man wendet sich zwar in erster Linie an die Kinder, aber die Erwachsenen sind trotzdem die ganze Zeit dabei und hören zu (hoffentlich!).

Meistens verwende ich für die »Kinderpredigt« eine biblische Geschichte oder Text, die das Thema und den Zielgedanken deutlich zum Ausdruck bringen. Es sollte kein Text sein, den man erst stundenlang studieren muss, um ihn zu verstehen. (Obwohl es sehr nützlich ist, auch den »einfachen« Text stundenlang und gründlich zu studieren. Je besser man den Text und seine Hintergründe kennt, desto interessanter kann man darüber reden.)

Die Aussage sollte klar auf der Hand liegen.

Der Zielgedanke sollte konkret sein, also sollte die Bibelstelle auch möglichst konkret sein.

Meistens erzähle ich die biblische Geschichte auf irgendeine kreative Art und Weise.

Beim Erzählen oder Vorspielen o.a. kann man den Zielgedanken wiederholen lassen oder auch weitere Gedanken einbringen, die einem für die Zuhörer wichtig sind.

Es sollten jedoch nicht zu viele sein. Lieber ein Gedanke, den jeder mit nach Hause nehmen und umsetzen kann, als eine Liste von 10 Punkten, die sich keiner merkt.

Predigt

Jetzt kommt endlich der Teil, worauf manche Erwachsenen schon die ganze Zeit gewartet haben.

Damit die Kinder nicht zu unruhig werden, geben wir ihnen während dieser Zeit ein Arbeitsblatt, das sie bearbeiten oder bemalen können.

Wenn sie schon lesen können, beschäftigen sie sich nochmals mit dem Thema. Wenn sie noch nicht lesen können, malen sie (hoffentlich schön ruhig) das Bild aus.

Im dritten Teil des Buches befinden sich Kopiervorlagen für diese Arbeitsblätter. Mit dem Kauf dieses Buches erwirbt man auch das Recht, diese für die *eigene* Kinder-, Familien- und Gemeindearbeit zu kopieren.

Wir geben den Kindern eine Unterlage aus Holz (eine Hartfaserplatte, die einseitig mit Plastikfolie überzogen ist und in ihren Maßen genau der Sitzfläche der Stühle entspricht) und einige Buntstifte.

Achten Sie darauf, dass die Kinder bei ihren Eltern sitzen und sich nicht um den Prediger scharen.

Auch für die Predigt werden in den Entwürfen meistens drei Hauptgedanken zum Text stehen.

Lassen Sie die Zuhörer diese Gedanken wiederholen. Sie prägen sich so besser ein.

Abschluss, Gebet

Der Abschluss ist vom Thema, aber auch von der Unruhe abhängig.

Man kann einen Aufruf machen, indem man die Kinder und Erwachsenen zum Gebet nach vorn ruft, man kann Kleingruppen (z. B. jede Familie) bilden lassen, die für sich oder ein bestimmtes Anliegen beten. Man kann auch eine Zeit der Stille anbieten, in der jeder noch mal für sich die Predigt durchgeht und Entscheidungen für sich vor Gott trifft.

2. Entwürfe

Entwürfe

für Familien-

für Familiengottesdienste

gottesdienste

Lobpreis

Begrüßung und Bekanntmachungen

Gebet

Einleitung

Es gibt zwei Gelegenheiten, wann wir Gott loben können:
1. Wenn wir Lust dazu haben und
2. wenn wir keine Lust dazu haben.
Wie machst du es? Murrst du und beschwerst du dich über
dein schweres Leben? Oder bist du dankbar und lobst Gott?

Anspiel

Zwei Personen stehen auf der Bühne. Sie stehen neben ihren Häusern (aus Pappkartons). Auf einem Haus steht groß
Lobpreisstraße. Auf dem anderen Haus steht: Murrstraße.

Ein Sprecher beginnt: Es ist morgens und regnet.

Die Person von der Murrstraße beginnt zu reden:
O wie schrecklich. Es regnet schon wieder. Es hat doch erst
vor drei Wochen das letzte Mal geregnet.
Die Person aus der Lobpreisstraße:
O wie gut, dass es mal wieder regnet. Der Boden kann es gut
gebrauchen.
Der Sprecher: Beim Mittagessen.

Murrstraße: Schon wieder gibt es nur Suppe. Ich mag keine Suppe.

Lobpreisstraße: Bin ich froh, dass wir immer wieder zu essen haben auch wenn es nicht jeden Tag mein Lieblingsgericht geben kann.

Der Sprecher: Bitte räume doch dein Zimmer noch auf.

Murrstraße: Schon wieder muss ich mein Zimmer aufräumen. Kann das nicht mal jemand anderes machen? Das ist doch furchtbar.

Lobpreisstraße: Bin ich froh, dass ich so viele tolle Sachen habe. Also dann will ich mich mal an die Arbeit machen.

Der Sprecher: Wir wohnen in einer Mietwohnung.

Murrstraße: Ach hätte ich doch so ein schönes Haus wie mein Nachbar. Warum muss ich nur in so einer kleinen Wohnung wohnen. Es ist ja kaum zum Aushalten. Es ist wirklich ungrecht.

Lobpreisstraße: Wenn man bedenkt, wieviele Menschen kein Dach über dem Kopf haben, dann können wir doch richtig dankbar sein für unsere schöne Wohnung.

Je nach Zeit und Situation können die Personen nachdem sie geredet haben, immer wieder ihr Lied singen oder nur am Ende des Anspiels.

Lobpreisstraßenlied:

Ich darf in der Lobpreisstraße leben,   denn

ach wie so schön ist das   Leben.   Auch,

wenn ich alleine bin,   Ärger soll aus meinem

Sinn. Und, wenn mir nicht alles gelingt, ich

lobe Gott, denn ich bin   sein   Kind.

Murrstraßenlied:

Ich muss in der Murrstraße leben, denn

ach wie schrecklich ist das Leben.

Keiner will bei mir sein, wie soll ich mich da freun.

Und wenn etwas bei mir nicht klappt, dann

bin ich ganz schnell eingeschnappt.

Lernvers

2. Chr 20,21: Danket dem Herrn; denn seine Barmherzigkeit währet ewiglich.

Diesen Vers spricht man als Rap und schnippst dazu mit den Fingern.

»Kinderpredigt«

Joschafats Sieg über die Übermacht der Ammoniter (2. Chr 20). Ein Mann sitzt als König verkleidet auf einem Thron. Eine Person stellt diesem König Fragen. Der König erzählt in seinen Antworten (mit eigenen Worten), wie er mit Gottes Hilfe die Ammoniter besiegt hat und welche ungewöhnlichen Methoden er dabei verwendet hat.

Frage an den König: Ihr wart in einer verzweifelten Situation. Was war los?
Antwort vom König: 2. Chr 20,1–2

Frage: Was habt ihr getan?
Antwort: 2. Chr 20,3–13

Frage: Was hat Gott getan?
Antwort: 2. Chr 20,14–19

Frage: Wie habt ihr gehandelt?
Antwort: 2. Chr 20,20–21

Frage: Wie war der Kampf?
Antwort: 2. Chr 20,22–30

Predigt

2. Chr 20
1. Suche den Herrn!
Verbringe Zeit mit ihm. Joschafat suchte den Herrn. Er brachte seine Angst zu Gott. Er vertraute Gott auch in gu-

ten Tagen.
2. Preise ihn!
Joschafat hatte gelernt, Gott in guten und schlechten Tagen zu preisen. Er hat eine vertrauensvolle Haltung zu Gott.

3. Sprich und handle voll Glauben!
Joschafat kennt und liebt Gott und deshalb handelt er im Glauben. Produziere nicht durch dein Murren Unglauben. Sondern stärke dein Vertrauen zu Gott, indem du ihn lobst und an all das Gute denkst, was er dir schon getan hat (s. Ps 103).

Lobpreiszeit

In diesem Gottesdienst findet die Lobpreiszeit einmal nach der Predigt statt.

Gebet

Suche dir jemanden, mit dem du heute noch nicht gesprochen hast und betet füreinander, dass ihr auf der Lobpreisstraße einzieht bzw. dort bleibt.

2.2.

Begrüßung und Bekanntmachungen

Gebet

Lobpreiszeit

Einer kommt an den Händen mit Seilen gebunden, daran hängen Zettel, auf denen stehen Begriffe wie: Sorgen, Streit, Zorn, Hass.

Er sagt, er will Jesus preisen, aber dazu muss er erst mal frei werden, um zu klatschen, zu singen und die Hände zu heben. Jesus will uns auch von diesen Dingen erlösen und freimachen.

Dann kommt ein anderer und schneidet die Seile durch.

Es folgt eine kurze Zeit der Stille. Jeder überlegt, welche Dinge in seinem Leben ihn hindern, Gott zu loben und bittet Gott um Vergebung.

Dann folgt die Lobpreiszeit.

Lernvers

Eph 4, 32

Es werden fünf Kinder nach vorn gerufen und jedes Kind hält ein Bild hoch.

Die Erwachsenen müssen den Vers anhand der Bilder erkennen. Die Bilder kann man relativ einfach selbst malen.

... freundlich = ein lächelndes Gesicht

... herzlich = ein Herz

... vergebt einer dem anderen = zwei sich schüttelnde
   Hände
... wie Gott = ein Dreieck, in dem das Wort Gott steht
... in Jesus = ein Kreuz

Anwendung
Puppenstück zum Thema Vergebung: Die Sache mit dem
Auto (s. S. 28)

»Kinderpredigt«
Der barmherzige König und der unbarmherzige Knecht
(Mt 18, 21–35)
   Man erzählt die Geschichte mit Hilfe der Overheadfolien
»Vergeben – wie oft?«

Predigt
Mt 18, 21–35
1. Vergebung bekommt man nicht durch Leistung, sondern
   geschenkt! Leistungen beeindrucken Gott nicht.
2. Wie Gott dir, so du anderen!
   Nimm dir Gott als Vorbild.
3. Wie du anderen, so Gott dir!

Gebet

Puppenstück

Die Sache mit dem Auto

Personen: Zwei Jungen und eine Mutter

1. Szene: Küche

Tom: Hallo, Mama.

Mama: Hallo, Tommyschatz. Na, was hast du gemacht?

Tom: (recht einsilbig) Ach, ich habe gespielt.

Mama: Und war es schön?

Tom: Das schon.

Mama: Was hast du denn gespielt?

Tom: Och, mit dem Ball.

Mama: Aber du warst doch gar nicht draußen.

Tom: Tja, weißt du, äh, ja also, das war so ...

Mama: Was denn nun.

Tom: Ich habe im Wohnzimmer gespielt.

Mama: Ich habe dir das schon so oft verboten.
Und ist etwa was passiert?

Tom: Nein, mir ist nichts passiert.
Aber deiner guten Vase ist etwas passiert.
Ihr geht es nicht so gut. Sie ist mir kaputt gegangen.
Es tut mir wirklich Leid.

Mama: Hast du denn nur Dummheiten im Kopf?

Tom: Bitte Mama, es tut mir echt Leid.

Mama: Tut es dir wirklich Leid?

Tom: Ja, Mama.

Mama: Obwohl du es nicht verdient hast, vergebe ich dir.
Eigentlich müsste ich dich bestrafen und dich die
Vase bezahlen lassen. Aber ich erlasse es dir.
Räume aber wenigstens die Scherben weg.

2. Szene: Kinderzimmer

(Tom und Max spielen mit Autos.)

Max: Boah, du hast aber tolle Autos.
Solche möchte ich auch haben.

Tom:	Ja, Max. Dabei sind das noch meine billigen Autos. Du solltest erstmal meine richtig guten sehen.
Max:	Zeigst du sie mir mal? (Er steht auf und tritt dabei versehentlich auf ein Auto, es knirscht.) O nein, jetzt bin ich auf ein Auto getreten.
Tom:	Waaaaaas? Wie konntest du nur?
Max:	Das wollte ich nicht.
Tom:	Das hast du nur gemacht, weil du neidisch auf meine Autos bist.
Max:	Nein, nein, nein.
Tom:	Das verzeihe ich dir nie. (geht auf Max los und kämpft mit ihm)

3. Szene Kinderzimmer:

(Mutter kommt ins Kinderzimmer)

Mutter:	Was ist denn los mit euch?
Tom:	Der doofe Max hat mein Auto kaputt gemacht. Das verzeihe ich ihm nie.
Max:	Aber es war keine Absicht.
Tom:	Nein, es war ein Auto.
Mutter:	Aber Tom, es war doch nur ein billiges Auto. Jetzt beruhige dich. Außerdem hat Max es nicht absichtlich gemacht. Das kann jedem mal passieren. Denk mal an die Vase. Ich habe dir auch vergeben. Wenn du nicht vergibst, schadest du dir nur selbst.
Tom:	(ruhiger) Meinst du?
Mutter:	Du ärgerst dich nur selbst und verlierst einen Freund.
Tom:	Du hast Recht. Es ist alles wieder o. k., Max.
Mutter:	Dann kann ich ja wieder gehen. (geht ab)
Tom:	Komm Max, wir spielen draußen weiter. (beide ab)

Gott ist ein helfender Gott!

Begrüßung und Bekanntmachungen

Gebet

Gebet für Gottesdienst. Dazu kann man gut in jedem Gottesdienst andere Leute nach vorn bitten, z. B. einen Freiwilligen; einen, der in der letzten Woche Geburtstag hatte; ein Kind; einen, der besonders dankbar für etwas ist; jemand, der besonders fröhlich ist.

Lobpreiszeit

Einleitung

Wer von euch kennt folgende Nummern?

Nun nennt man einige Nummern von Gemeindemitgliedern und lässt die Leute raten. Manche kennen diese Nummern, die Betroffenen auf jeden Fall.

Dann nennt man die Nummer 110. – Klar, das ist die Polizei. 112 – das ist die Feuerwehr.

Das sind Notrufnummern. Dort ruft man an, wenn man in Not ist und man bekommt Hilfe. Z.B. bei einem Unfall, bei Feuer, bei Krankheit.

Aber wer von euch kennt denn die »Nummer«, die man anrufen muss, um bei Gott Hilfe zu bekommen?

Dann holt man ein echtes Telefon hervor, dessen Kabel irgendwo hinläuft (man sollte das Ende nicht sehen können). Dann bittet man ein Kind nach vorne und sagt, die Nummer ist 50 15. (Ps 50,15: Manche Kinder oder Erwachsenen werden diese Nummer kennen und vielleicht schon »angerufen« haben.)

Das Kind hebt den Hörer ab und wählt. Dann hält man den Hörer ans Mikrofon (nicht vergessen). Es tutet zuerst und plötzlich nimmt einer ab und sagt den Bibelvers aus Psalm 50,15 auf. Dann legt der wieder auf und es tutet wieder. Nun legen wir auch wieder auf.

(Des Rätsels Lösung: Man hat vorher alles aufgenommen und lässt es über die Verstärkeranlage in der Gemeinde von der Kassette laufen). Wenn man den Hörer (bitte unbedingt richtig herum halten) an das Mikrofon hält, wundern sich zuerst sogar Erwachsene, wie das funktioniert.

Man sollte danach aber erklären, dass das natürlich nicht wirklich so funktioniert, denn sonst rufen die Kinder unter dieser Nummer sonst wo an.

Lernvers

Ps 50, 15

»Rufe mich an in der Not, so will ich dich erretten und du sollst mich preisen.«

Diesen Vers sprechen alle laut zusammen.

Man kann auch eine Hälfte der Gottesdienstbesucher den ersten Teil sprechen lassen (»Rufe mich an in der Not«) und die andere Hälfte antwortet mit: »so will ich dich ...«

»Kinderpredigt«

Gott führt das Volk Israel durch das Meer (2. Mose 14)
Diese Geschichte kann man mit Flanellbildern erzählen.
Hauptgedanke: Gott ist ein helfender Gott. Er hilft auch dir!

Predigt

(2. Mose 14)

Hauptpunkte der Predigt:
1. Gott führt dich! (Gott hat das Volk Israel aus Ägypten geführt, er führt auch dich).
2. Erwarte Gottes Hilfe! (Das Volk Israel war am Meer in einer Sackgasse. Wie reagierst du, wenn du Hilfe brauchst? Versuchst du es in eigener Kraft, resignierst du, oder bittest du Gott um Hilfe?)
3. Gott handelt wunderbar! (Es gibt solche Tapetentüren, die man fast nicht sieht, aber Gott hat solche Tapetentüren für dich. Man sieht sie erst, wenn man davor steht. Dann öffnet Gott eine solche Tür für dich.)

Schluss

Ein als Cowboy verkleideter Mann kommt herein und erzählt, wie Gott ihm geholfen hat, als sein wertvolles Pferd (Bild von einem Pferd auf Overheadfolie malen und zeigen, während der Cowboy seine Geschichte erzählt) weggelaufen ist. Er hat es überall gesucht und wollte schon aufgeben. Er betete und ritt nochmal zurück ins Sonnenblumental, da fand er es. Aber es wollte nicht zu ihm. Aber dafür hat der Cowboy Jim sein Lasso dabei (ein echtes, nicht zu dickes Seil zeigen). Mit seinem Lasso hat er sein Pferd eingefangen und nach Hause gebracht.

Danach zerschneidet Cowboy Jim sein »Lasso«. Er ruft die Kinder nach vorn, die die Stücke holen und verteilen, bis jeder ein Stück hat. In dieses Stück macht jeder einen Knoten. Das ist eine Art Gebetsknoten.

Gebet

Jeder überlegt kurz, wo er Gottes Hilfe braucht und betet für dieses Anliegen.

Abschluss

Wenn ihr nach Hause geht, dann soll euch der Gebetsknoten daran erinnern, für euer Anliegen zu beten.

Ich bin wichtig!!!

Begrüßung

Ich möchte heute morgen eine ganz besondere Person begrüßen. Ich freue mich sehr, dass sie heute morgen hier sein kann. Diese Person ist nämlich für Gott, für unsere Gemeinde und auch für eure Familie von besonderer Bedeutung. Diese Person ist sozusagen eine »very important person«.

Jetzt fragst du dich, wer das wohl sein könnte. Ich will euch nicht lange raten lassen. Diese Person bist: *DU.*

Jawohl, jeder von uns ist wichtig und für Gott bedeutend und deshalb freue ich mich, dass du heute hier bist.

Dreht euch mal um und begrüßt diese wichtigen Leute, die um euch herum sitzen.

Bekanntmachungen

Gebet
Gebet für Gottesdienst

Lobpreiszeit

Einleitung
Erzählen/Vorlesen der Geschichte »Eine Familiengeschichte«

Eine Familiengeschichte

Sechsundzwanzig und drei Buchstaben lebten
lange glücklich und zufrieden beieinander.
Sie waren wie eine große Familie. Einer
konnte ohne den anderen nicht sein. Sie
gehörten einfach zusammen. Alle waren sehr
wichtig.
Aber eines Tages geschah etwas.
Ein Buchstabe meinte er seu nucht wuchtug
und übertrug seune Aufgabe an eunen
anderen Buchstaben.
Seht uhr, meunte der Buchstabe, keuner
merkt, dass uch fehle. Uch bun überhaupt
nucht wuchtug. Dueser andere Buchstabe
kann sehr gut meune Funktuon
übernehmen. Keuner von uns ust wuchtug.
So dachte jedenfalls dueser Buchstabe.
Alle Buchstaben dachten anders und auch
due Leser dueser Zeulen denken anders.
Due Buchstaben konnten nach eunuger Zeut
den sturen Buchstaben von seuner
Wuchtugkeut überzeugen.
Na gut, wenn uhr meunt, dass uch wuchtug
bun, dann komme uch wueder zurück.
Ja, ja, ja, sagten die anderen.
Ist es so richtig, fragte dieser Buchstabe
die anderen.
Alle waren froh, wieder zusammen zu sein.
Und sie lebten fröhlich weiter.

(Nach einer Idee von Christian Schwarz)

Diese Geschichte sollten wir auf Folie kopieren, dann können die Gottesdienstbesucher sie mitlesen. Wir sollten uns bemühen, die »falschen« Wörter möglichst ohne Stocken vorlesen zu können. Am besten man liest es sich vorher mehrmals durch.

Lernvers

Wir schreiben den Vers aus Kolosser 3,15 auf eine Pappe, die die Form eines Menschen hat. Dann wird das ganze in mehrere, nicht zu kleine (auch nicht zu komplizierte) Puzzleteile geschnitten. Vor Beginn des Gottesdienstes werden diese Teile an einzelne Leute verteilt.

Dann bitten wir diese Leute, nach vorn zu kommen und das Puzzle zusammenzusetzen.

Am Ende fehlt noch ein Teil. Dann überlegen wir, wem wir das fehlende Teil gegeben haben und rufen die Person, nämlich ein Kind nach vorn. Es setzt sein Teil ein. Auch Kinder sind wichtig. Jeder ist wichtig. Das ganze müssen wir natürlich mit dem Kind abgesprochen haben.

»Kinderpredigt«

Die »Handpuppe« erzählt ihre Geschichte in Anlehnung an 1. Kor 12.

Hierzu zieht sich eine Person mit einer möglichst großen Hand einen weißen Handschuh an. Diese Hand sieht man dann über einem möglichst schwarzen Tuch/Puppentheater. Diese »Puppe« tritt mit einer Person vor dem Puppentheater in den entsprechenden Dialog: (s. S. 36)

Predigt

(1. Kor 12, 12ff.)

1. Jeder Mensch hat seinen Platz und seine Begabung, um seine Aufgabe auszufüllen, wie die Glieder am Körper

einen bestimmten Platz und eine Aufgabe haben.
2. Wir gehören zusammen. Wir können uns nicht aussuchen, wer zu unserer Familie oder Gemeinde gehört. Wir brauchen einander, so wie die Glieder im Körper die gegenseitige Hilfe brauchen.
3. Die Liebe hält uns zusammen. Wir sind nicht wie eine Sklavengaleere, wo auch jeder seinen Platz, seine Aufgabe, seine Begabungen hat. Wo man sich seinen Nachbarn auch nicht aussucht, sondern wo uns die Liebe und Vergebung untereinander zusammenhält.

Gebet/Schluss

Wir überlegen, mit wem wir täglich oder auch nicht so oft zusammen sind (Familie, Beruf, Gemeinde). Danke, Gott, für die Menschen, mit denen du gut zurecht kommst und auch für die, die schwierig für dich sind.

Puppenstück

»Die Geschichte mit der Hand«
(H.-J. bedeutet Hans-Jörg und ist der Name der Person, die mit Hugo, der Hand spricht.)

H.-J.: Ich möchte euch einen Freund von mir vorstellen. Komm doch mal und zeig dich.
Hugo: (kommt nach oben) Oh, hallo Leute. Hier ist ja richtig was los.
H.-J.: Sag uns doch mal, wie du heißt.
Hugo: Ja, also ich heiße Hugo Hand. Ihr könnt sicher unschwer erkennen, wer oder was ich bin.
Ich bin ..., ich bin ... ja das stimmt natürlich auch. Ich bin eine Hand. Habt ihr das schon mal gesehen? Nur eine Hand, die spazieren geht.
H.-J.: Nein, das sieht man wirklich ziemlich selten.

Hugo: Was ich aber eigentlich sagen wollte, war etwas anderes. Ich wollte sagen ich bin ein ganz toller Typ. Jedenfalls dachte ich das immer.

H.-J.: Du sagst, du dachtest das immer.

Hugo: Ja, das sagte ich.

H.-J.: Denkst du es denn jetzt nicht mehr?

Hugo: Doch, aber nicht mehr so wie früher.

H.-J.: Was soll denn das jetzt heißen. Ja oder nein? Bist du nun ein toller Typ oder nicht?

Hugo: Ja und nein.

H.-J.: Also das wird ja immer komplizierter. Willst die Kinder hier verwirren?

Hugo: Nein, nein. Ich will niemand verwirren, ich muss aber gleich wieder abschwirren. Ich habe heute noch viel zu tun.

H.-J.: Aber nicht ohne uns erklärt zu haben, ob du jetzt ein toller Typ bist oder nicht.

Hugo: Naja, das ist mir aber ein bisschen peinlich.

H.-J.: Nun erzähl schon.

Hugo: Also gut. Eigentlich ist eine Hand, wie ich, ja an einem ganzen Körper. Aber ich habe mir eines Tages überlegt, dass ich eigentlich das tollste und wichtigste Körperteil sei. Ich dachte, ich könne auch gut ohne die anderen Körperteile auskommen.

Warum sollte ich immer alle Arbeit machen und die anderen Körperteile ruhen sich immer aus. Immer musste ich alles tragen, immer musste ich alles schreiben, immer musste ich alles zum Mund bringen, immer musste ich den schwitzigen oder festen Händedruck von anderen Menschen aushalten. Immer musste mein Finger die Nase oder das Ohr sauber machen. Also sagte ich den anderen, dass ich ab sofort nicht mehr zu ihnen gehören würde. Ich ging also weg von ihnen.

Das heißt, ich wollte weggehen, aber da ich jetzt alleine war, hatte ich gar keine Beine mehr, die mich trugen. Da dachte ich, sieh mal einer an, die Beine scheinen ja doch was getan zu haben. Also lief ich auf meinen Fingern nach draußen.

H.-J.: Und wie war es draußen?

Hugo: Tja, das weiß ich nicht so genau.

H.-J.: Wieso denn nicht?

Hugo: Ich kam zuerst nicht nach draußen. Ich lief nämlich voll vor den Schrank. Nachdem ich mich wieder aufgerappelt hatte, startete ich einen zweiten Versuch. Das glückte mir auch. Ja, ich bekam sogar die Haustür auf. Die Arbeit kannte ich schon. Endlich musste ich auch niemand die Jacke und die Schuhe anziehen. Das war richtig gut.

H.-J.: Ja, ja, aber nun erzähl schon, wie war es draußen?

Hugo: Das kann ich nicht sagen.

H.-J.: Wieso, war es so schlimm?

Hugo: Um ehrlich zu sein: Es war gaaaaaaaanz schrecklich.

H.-J.: Warum denn?

Hugo: Weißt du, vorher war ich immer gerne draußen, aber jetzt war es so dunkel.

H.-J.: Warum bist du denn abends rausgegangen?

Hugo: Es war nicht abends. Es war mitten am Tag.

H.-J.: Warum war es denn dann dunkel?

Hugo: Tja, ich merkte, dass auch die Augen etwas für mich taten. Durch sie konnte ich sehen.
Mit den Ohren war es genauso. Ich konnte plötzlich nichts mehr hören.
Vorher habe ich immer so gerne das frische Gras gerochen. Jetzt konnte ich es weder sehen noch riechen. Die Nase hatte also doch ihren Zweck.

H.-J.: Und was hast du dann gemacht?

Hugo: Zuerst war ich ganz frustriert.
Aber dann dachte ich, dass es doch ganz gut und praktisch ist, wenn nicht einer alles allein machen muss, sondern jeder seine besondere Aufgabe hat, die nur er tun kann. Ich habe nun mal

die Aufgabe einer Hand und bin bestens dafür ausgerüstet. Aber ich brauche auch die Hilfe von anderen. Deswegen bin ich trotzdem ein toller Typ.

Und dann fielen mir die anderen Körperteile ein. Was würden die jetzt wohl ohne mich machen? Wer würde ihnen zu Essen geben, wer würde ihnen die Schuhe ausziehen?

Jetzt tat es mir Leid, was ich getan hatte. Ich rannte so schnell ich konnte wieder zurück, nicht ohne 3 – 4 Mal gegen irgendwelche Gegenstände gerannt zu sein.

Dann war ich zu Hause. Wie froh war ich, als ich wieder an meinem Platz war.

Und die anderen Körperteile waren auch froh.

Jetzt weißt du, warum ich ein toller Typ bin.

Aber ohne die anderen tollen Typen bin ich überhaupt nicht toll, sondern ganz schön lahmgelegt.

Jetzt muss ich aber los. Wir wollen Handball spielen. Da bin ich besonders gut drin.

Tschüss, ihr tollen Typen.

H.-J.: Tschüss dann, Hugo.

2.5.

Begrüßung und Bekanntmachungen

Gebet
Gebet für Gottesdienst

Lobpreiszeit

Einleitung
Wir bauen für den Gottesdienst einen Roboter, in den jemand hineinschlüpft. Aus größeren Pappkartons kann man gut einen quadratischen Kopf und einen großen quadratischen Körper basteln. Diese Teile sollten Löcher für die Arme, Beine und den Kopf haben. Als Arme (sie sollten nicht zu lang sein) kann man gut die dehnbaren »Rohre« nehmen, die man für Dunstabzugshauben als Abluftschlauch nimmt.

Der Körper und der Kopf sollten möglichst einfarbig (vielleicht silber) sein und blinkende Lampen dran haben (z.B. Fahrradrückleuchten mit Batteriebetrieb). Was die sonstige Verzierung des Roboters betrifft, sind der Fantasie keine Grenzen gesetzt.

Einer spielt den Roboter. Sein Name ist Charlie. Nun werden dem Roboter Charlie einige Dinge gesagt, die er machen soll (jemandem die Hand geben, etwas tragen, hochspringen, danach jemanden [leicht] boxen).

Wir sagen: Ein Roboter kann nicht entscheiden, ob etwas gut oder böse ist. Er hat nicht die Wahl, so wie wir.

Entscheidung bedeutet, dass man etwas tut oder nicht tut.

Entscheidung bedeutet, dass man zwischen zwei oder mehr Möglichkeiten auswählt. Wir haben oft die Wahl zwischen verschiedenen Dingen. Wir können uns für schlechte Dinge (dabei ein schwarzes Flanelltuch aufhängen) oder für gute Dinge entscheiden (dabei ein weißes Flanelltuch aufhängen).

Was ist leichter zu tun, das Gute oder das Böse?

Der Roboter dient uns nun als Träger. Wir geben ihm verschiedene Overheadfolien, die er uns dann wieder in dieser Reihenfolge anreicht.

Die Situationen, die auf den Kopiervorlagen (s. S. 42 u. 43) angedeutet werden, müssen etwas erklärt werden.

Dann sollen die Kinder sagen, welches die gute und was die schlechte Entscheidung ist. Die Begriffe werden dann der weißen oder der schwarzen Tafel zugeordnet:

- Wenn die Mutter zum Essen ruft und das Kind spielt. Das Kind kann gehorsam oder ungehorsam sein.
- Wenn ein Kind das Sparschwein von seinem Bruder nimmt, ohne zu fragen und das Geld ausgibt. Der Bruder fragt das Kind, ob es das Sparschwein hat. Dann kann das Kind lügen oder die Wahrheit sagen.
- Wenn wir mit dem Auto in einem Stau stehen und warten müssen. Dann können wir geduldig oder ungeduldig und ärgerlich sein.

Die Begriffe »Gehorsam, Ungehorsam, Lüge, Wahrheit, Geduld, Ungeduld« schreiben wir auf Pappstreifen, die wir mit Haftstreifen für Flanellwände bekleben.

»Kinderpredigt«
Die Geschichte Petrus verleugnet Jesus; Mt 26, 69–75 (mit Flanellbildern)

Predigt

Mt 26, 69–75

Gebet/Schluss

43

Begrüßung und Bekanntmachungen

Gebet
Gebet für Gottesdienst

Lobpreiszeit

Einleitung
Wir nehmen Tierstimmen von Tieren, die wir kennen, auf
Band auf oder kaufen eine Kassette mit Tierstimmen darauf.

Im Gottesdienst spielen wir eine Tierstimme ab und lassen die Gottesdienstbesucher raten, was es ist. Wer es meint
zu wissen, kann sich melden.

So spielt man mehrere Stimmen ab und lässt raten. Man
kann auch verschiedene Gruppen gegeneinander raten lassen (je nach Sitzordnung).

»Kinderpredigt«
Hier kann man sehr gut die Vorschulkinder mit einbinden.
Man spielt mit ihnen auf der Bühne die Schöpfung. Dabei
haben die Kinder Tiermasken auf (Vorlagen findet man in
Bastelbüchern) und wenn man will auch noch weitere passende Kleidung an. Ein Erwachsener erzählt die Schöp-
fungsgeschichte. Die Kinder bringen immer das zum Erzäh-
ler oder seinem Helfer, was gerade geschaffen wird. Z. B. die

Sonne (den Mond, die Sterne, die Wolken, Bäume, Blumen). Diese Teile kann man sehr leicht aus buntem Tonkarton und Pappe basteln.

An die Wand werden ein weißes Tuch für den Tag und ein schwarzes Tuch für die Nacht aufgehängt. Daran werden dann die dazu passenden Teile angeheftet (z.B. mit Stecknadeln). Den Baum und die Blumen sollte man so basteln, dass sie weiter vorn allein stehen können.

Wenn das Wasser geschaffen wird, legt man ein blaues Tuch auf den Boden.

Ein Kind legt sich darunter und macht die Wellen.

Zwischendurch oder auch am Ende singt man passende Lieder zur Schöpfung.

Gott schuf Bäume, Pflanzen, Tiere, er schuf Menschen, Jungen und Mädchen und er schuf auch *DICH* (dabei die Kinder auf die Zuschauer zeigen lassen).

Puppenstück

Tom ist unzufrieden mit seinen Ohren, Sally erzählt ihm von der Schöpfung (s. S. 46).

Predigt

Ps 139, 13–14 (1. Mose 1)

1. Gott schuf mich! Unser Leben ist kein Zu- oder Unfall. Gott hat jeden Menschen gewollt. Wir wissen, woher wir kommen, wohin wir gehen, was Wert hat.
2. Ich bin wunderbar gemacht! Gott hat uns nicht nur irgendwie gemacht. Nach dem Motto: Besser ging es nicht. Sondern Gott hat uns sehr gut gemacht. Wenn wir nicht glauben, dass Gott uns gemacht hat, neigen wir zu einem von zwei Extremen. Entweder wir halten uns für besonders schön, dann geht es uns ganz gut oder wir geraten in Minderwertigkeitskomplexe. Aber wir brauchen weder in Stolz noch Selbstmitleid zu versinken.

3. Ich danke Gott dafür! Wir sollten vielmehr eine dankbare und zufriedene Lebenshaltung haben. Gott hat uns geschaffen. Wir sollten nach seinem Willen leben.
Was ist das? (Eine Kaffeemaschine zeigen.) Damit kocht man laut Gebrauchsanweisung Kaffee. Gott hat für uns Menschen eine Gebrauchsanweisung gegeben - die Bibel. Wenn man nicht nach dieser Gebrauchsanweisung lebt, macht man dasselbe, als wollte man mit der Kaffeemaschine Eier kochen. Das funktioniert nicht besonders gut.

Gebet/Schluss

Puppenstück
Ich bin wunderbar gemacht!

Tom: (sitzt mit einem Spiegel in der Hand auf der Bühne und stöhnt vor sich hin)
Nein, nein, nein, nein, womit habe ich das verdient. Das ist doch wirklich gemein. Warum hat es ausgerechnet mich getroffen?

Sally: (kommt auf die Bühne und singt vor sich hin, dreht sich ein wenig und stößt sich an Tom)
Hast du mich aber erschreckt, Tom.

Tom: Du mich aber auch. Ach, ja.

Sally: Was ist denn mit dir los, Tom? Warum stöhnst du an einem so schönen Tag? Freu dich lieber.

Tom: Wie sollte ich mich jemals wieder freuen können?!

Sally: Jetzt aber raus mit der Sprache.

Tom: Na weißt du, gestern in der Schule haben wir in Biologie die Ohren durchgenommen. Frau Schulze-Prüfer zählte verschiedene Tiere auf, die besondere Ohrformen haben. Als sie von den afrikanischen

Elefanten und ihren großen Ohren erzählte rief von hinten Klaus: Der Tom hat auch solche Elefantenohren. Da haben alle in der Klasse gelacht.

Sally: Und was machst du jetzt hier mit dem Spiegel?

Tom: Ich will sehen, ob Klaus Recht hat. Ach, warum habe ich nur solche Elefantenohren?

Tom: Jetzt hör aber mal auf zu stöhnen und schau dir deine Ohren genau an.

Tom: Nein, nein, nein, ich trau mich nicht. Was ist denn, wenn Klaus Recht hat?
Ich glaube auch, dass meine Ohren komisch sind.

Sally: Pass auf. Hast du denn gerade nicht zugehört?
Eben wurde doch von der Schöpfung erzählt.
Gott hat alles wunderbar und sehr gut gemacht.
Er hat auch deine Ohren sehr gut gemacht.
Er hat sie auch nicht größer als nötig gemacht.

Tom: Meinst du, Sally? Du meinst, Gott hat meine Ohren genauso gewollt wie sie sind?

Sally: Ja, Tom, du kannst Gott für deine Ohren danken, anstatt darüber zu jammern.

Tom: Du hast Recht, Sally. (schaut in den Spiegel) Oh, oh, oh sind meine Ohren schön. Bin ich nicht ein schöner Junge? Ich glaube, ich bin der schönste Junge in meiner Klasse.

Sally: (etwas entnervt) Tom, jetzt übertreib aber nicht so. Lass uns lieber spielen gehen.

2.7.

Begrüßung

Man sagt den Gottesdienstbesuchern:

»Sucht euch einen Partner, den ihr kennt und mögt und begrüßt ihn mal so, wie ihr einen guten Freund begrüßen würdet. Seid dabei kreativ!«

(Man betrachtet das Ganze von vorn. Wenn man eine besonders kreative Art der Begrüßung sieht, kann man die beiden nach vorn holen und es allen zeigen. Man sollte die Personen jedoch gut kennen und sicher sein, dass die Personen auch den Mut haben, zu kommen.)

Bekanntmachungen

Gebet

Lobpreiszeit

Einleitung

Das Wort Freund auf eine Overheadfolie schreiben (etwa in die Mitte).

Frage an die Gottesdienstbesucher:

»Wer hat einen Freund(in)? Was macht man mit einem Freund(in)?«

Man lässt verschiedene Dinge aufzählen. Man kann diese Dinge mit auf die Folie schreiben.

Lernvers

Joh 15,14 schreibt man vorher ebenfalls auf eine Folie und zerschneidet die Folie so, dass man jedes Wort einzeln hat. Die einzelnen Worte werden alle ungeordnet auf den Overheadprojektor gelegt. Dann werden zwei Freiwillige nach vorn gebeten. Diese müssen nun den Bibelvers zusammensetzen. Alle anderen dürfen ihnen helfen. (Den Teil, auf dem zu lesen ist, wo die Bibelstelle steht, nämlich Joh 15,14, gibt man den Freiwilligen erst ganz zum Schluss).

Ist der Bibelvers zusammengesetzt, liest man gemeinsam.

Jetzt wird Joh 15, 14 im Wechsel gelesen. D.h. man bildet je nach Sitzordnung zwei Gruppen und lässt im Wechsel immer ein Wort des Verses sagen. Z.B. die linke Seite sagt: »Ihr«, die rechte Seite liest: »seid«, die linke Seite sagt: »meine« usw. Das geht so bis der Vers vorgelesen ist (inklusive Joh 15,14).

Immer, wenn eine Gruppe vorliest, muss sie dazu aufstehen. Wenn man besonders schnell lesen lässt, müssen die Gruppen natürlich auch besonders schnell aufstehen und sich hinsetzen.

Man kann es noch weiter erschweren, indem man einzelne Wörter oder ganze Satzteile vom Overheadprojektor wegnimmt.

Damit keiner nur den halben Vers lernt, fordert man nach einiger Zeit die Gruppen auf nun die andere Hälfte des Verses zu sagen. D.h. nicht die linke, sondern die rechte Gruppe beginnt mit Aufsagen.

»Kinderpredigt«

Die Kinderpredigt steht in Lk 19, 1–10. Man bittet vorher einige Leute um Mitarbeit. Diese Leute haben ein kleines Theaterstück vorbereitet und spielen die Geschichte von Zachäus vor.

Zwei Tips: Die Leute sollten sich unbedingt ein wenig verkleiden (z.B. Tücher als Gewänder umhängen).

Hinter eine große Pflanze kann man eine Leiter, mit einem Tuch verhüllt, stellen, auf die dann Zachäus steigt. Schon haben wir Zachäus auf dem Baum.

Die Betonung der Kinderpredigt liegt darauf, dass Jesus unser Freund sein will, obwohl er weiß, was wir alles falsch gemacht haben. Aber er erwartet auch etwas von uns, nämlich Gehorsam.

Man kann gut Bezug nehmen zu einer menschlichen Freundschaft, die auch nicht gesund ist, wenn immer nur ein Freund (der Mensch) den anderen (Jesus) um Hilfe bittet. Jesus möchte, dass wir das tun, was er uns sagt.

Eine Freundschaft hat immer zwei Seiten und braucht zwei Personen.

Wenn mich der andere nicht kennt, dann ist es keine Freundschaft, sondern ich bin nur ein Fan der Person. Wir wollen keine Fans von Jesus sein, sondern seine Freunde.

Predigt
Lk 19, 1–10

1. Ist Jesus wirklich dein Freund ?

   Wir sollten die Frage nicht zu vorschnell mit ja beantworten. Wenn Jesus mein Freund ist, tue ich seinen Willen. Ich kann an den zwei folgenden Fragen prüfen, ob Jesus wirklich mein Freund ist.

2. Was ist Jesus dir wert?

   Ein Freund, eine Freundschaft ist mir etwas wert, sonst ist es keine Freundschaft. Ich bin bereit Opfer zu bringen. Ist mir Jesus soviel wert, dass ich bereit bin, ihm meine Zeit, Kraft, mein Geld zu geben? Zachäus wurde zuerst nur von Neugierde motiviert. Zu welchen Taten sollte uns dann unsere Freundschaft zu Jesus motivieren?

3. Kann Jesus dein Leben verändern?

Zachäus strebte, wie auch wir, nach Macht, Reichtum und Ehre. Nur war er erfolgreicher als die meisten von uns. Sein Leben wurde verändert. Kann Jesus auch dein Leben verändern? Zachäus behandelte seine Lebenskrankheit mit dem Gegenmittel. Statt Gier und Geiz zeigte er jetzt Großzügigkeit in seinem Leben. Wir sollten es genauso machen. Suche dein Gegenmittel und lass dich von Jesus verändern.

Gebet/Schluss

Wir überdenken diese drei Fragen in der Stille.

Ich will ein Wohlgeruch für Jesus sein!

Begrüßung und Bekanntmachungen

Gebet
Gebet für Gottesdienst

Lobpreiszeit

Einleitung
Auf der Bühne wurde eine Art Mini-Parfümerie gebaut, in der möglichst viele und große Parfümflaschen, Bilder von Parfümwerbung und viele aus Servietten gefaltete Rosen liegen. Man kann, um die Spannung zu erhöhen, diesen Tisch abdecken.

Man ruft ein Gemeindemitglied, am besten eine Person, die in einer Parfümerie arbeitet, nach vorne. Dort stellt man die Person vor, nimmt mit ihr die Decke weg und unterhält sich ein wenig über ihren Beruf. Man sagt: »Wir brauchen dich wegen deiner guten Nase. Du bist doch geübt im Riechen.

Dann holt man vom Tisch eine schön aussehende Dose, öffnet sie und bittet die Person zu riechen. Ein ekliger Gestank entweicht aus der Dose (sie kann z.B. Schwefelleber aus der Apotheke enthalten. Das ist aber nicht so ganz billig. Man muss sich erkundigen). Man fragt die Person: »Wie ist der Duft?« Danach lässt man die Person ein gutes Parfüm riechen und stellt wieder die Frage: »Wie ist der Duft?«

Beide Flaschen kann man auch anderen in der Gemeinde zum Riechen hinhalten, besonders das Stinkende ist begehrt.

Man bedankt sich bei der Expertin und bittet die Person, sich zu setzen.

Ein anderer Freiwilliger liest 2. Kor 2, 15 vor.

Wir können also ein Wohlgeruch für Jesus oder ein Gestank sein.

Ich will euch von zwei Männern erzählen, die waren ein guter Geruch für Jesus.

»Kinderpredigt«

Man erzählt die Geschichte von Paulus und Silas im Gefängnis (Apg 16,25–34) anhand von Flanellbildern. Betont wird, dass Paulus und Silas trotz aller Schwierigkeiten ein Wohlgeruch, ein gutes »Zeugnis« für Jesus waren. Wie verhältst du dich in Schwierigkeiten? Wirst du stinkig?

Puppenstück

H(and)P(uppe) kommt und fragt P(erson), die vor der Puppenbühne steht:
He, he, he nicht so schnell. Jetzt habe ich aber eine Frage.
Ich bin weder eine Parfümflasche, noch bin ich Paulus.
Was kann ich denn nun tun, um ein Wohlgeruch für Jesus zu sein?

P: Ja, da muss ich mal überlegen.
HP: Wieso musst du überlegen? Hier sitzen doch lauter schlaue Leute, die dir helfen können. Frag die doch einfach mal.
P: Das ist eine gute Idee. Aber ich werde euch eine kleine Hilfe geben. Wir überlegen, wie wir ein Wohlgeruch für andere, für Jesus werden. D.h. wie werden

wir, bzw. unser Leben, unsere Familien,unsere
Gemeinde attraktiv oder anziehend für andere?
Dadurch, dass sie sehen, dass wir Spaß am Leben
und miteinander haben.

HP: Dadurch, dass wir uns gegenseitig helfen und
füreinander da sind.

P: Dadurch, dass wir den Anderen durch Worte
ermutigen.

HP: Jetzt haben wir schon so viel gesagt, jetzt sollen die
anderen sich mal was einfallen lassen.

P: Du hast Recht. Was meint ihr denn?
(Nach einer kurzen Denkpause werden Einzelne
gefragt, wie wir ein Wohlgeruch für andere, für Jesus
sein können.)

Predigt

2. Kor 2, 15. Wir sind ein Wohlgeruch Christi für Gott.
Apg 16, 25–34: Paulus und Silas im Gefängnis

1. Dufte durch Denken!
Was wir denken, sieht man nicht, aber es hat doch
Auswirkungen. Unser Denken sollte erfüllt sein von
der Liebe zu Gott und Menschen. Unser Denken ist die
Grundlage für unser Tun und Reden.

2. Dufte durch Tun!
Paulus und Silas dachten anders, deshalb handelten sie
anders. Mitten in der Nacht sangen sie im Kerker. (Vers
25b »... und die Gefangenen hörten zu.«) Andere sehen,
was wir tun.

3. Dufte durch Reden!
So war es bei Paulus und so ist es bei uns auch. Paulus ist
ein Ermutiger. Seine Worte sind aufbauend. Er erklärt
dem Kerkermeister, wie er errettet werden kann. Deine
Worte sollten nicht dicke, stinkende Luft verbreiten, son-

dern ermutigend sein und mit deinem Denken und Tun übereinstimmen.

Gebet
Gebet in Familien oder kleinen Gruppen zusammen mit den Kindern.

Wir beten dafür, dass wir ein Wohlgeruch für Jesus sind und andere das an uns sehen.

Schluss
Jede Familie/jeder Haushalt bekommt jetzt eine »Rose« mit. Diese liegen vorne auf dem Tisch. Man kann sie leicht aus roten Servietten basteln, indem man die einzelnen Lagen auseinander zupft. Auf jede Rose wird ein Tropfen Parfüm gespritzt. Die Rose soll uns daran erinnern, dass wir ein Wohlgeruch für Jesus sein wollen.

Man fordert die Gemeinde auf, die Rose an einen Ort zu hängen, an dem man oft vorbeikommt.

Die Bibel ist Gottes Wort, durch sie redet er zu mir an jedem Ort!

Begrüßung und Bekanntmachungen

Schon vor Beginn des Gottesdienstes liegt eine Folie auf dem eingeschalteten Overheadprojektor. Auf der Folie steht groß: Herzlich willkommen!

Außerdem können die Bekanntmachungen für diesen Sonntag mit auf die Folie.

Gebet

Gebet für Gottesdienst

Lobpreiszeit

Einleitung

Eine Person verkleidet sich als Briefträger. Am besten wäre ein echter Briefträger in Uniform.

Der Briefträger kommt und will einen großen Brief überreichen. Der Brief hat die Aufschrift: Für Dich. Er fragt einige Leute, ob der Brief für sie sei.

Alle, die er anspricht sagen nein. Vorher sollte man mit den Leuten absprechen, mit welcher Begründung sie ablehnen, z.B.

- Nein, da müsste doch mein Name drauf stehen.
- Nein, ich erwarte keine Post.
- Nein, wer weiß, was da drin ist. Den will ich nicht.
- Nein, was soll mir so ein Brief schon helfen? Ich habe ganz andere Sorgen.

Nur einer sagt:

- Ja, da steht für dich, also für mich. Vielen Dank. (Er öffnet ihn.) Drinnen ist eine gebastelte Bibel (zwei zusammengeklebte Pappdeckel, die man aufklappen kann. Außen steht drauf: Die Bibel). Er schlägt sie auf und innen liegen lauter Folienstücke, auf denen Wörter stehen. Das ist der Bibelvers Ps 119, 105. Die Person muss die Wörter auf dem Overheadprojektor ordnen und vorlesen.

Wir erklären:

* Gottes Wort, die Bibel ist also ein Brief an uns.
* Damit wir ihn verstehen, müssen wir etwas dafür tun. Sonst werden wir ihn nicht verstehen.
* Wenn wir ihn verstehen, dann hilft uns sein Wort, den richtigen Weg zu finden.

Lernvers

Ps 119, 105

»Dein Wort ist meines Fußes Leuchte und ein Licht auf meinem Wege.«

Zu den einzelnen Worten Symbole malen und beim Lernen zeigen. Z.B. Bibel malen bei Wort; einen Fußabdruck bei Fuß; eine Taschenlampe bei Leuchte; eine Sonne bei Licht; eine Straße oder Weg bei Weg.

»Kinderpredigt«

König Josia hört auf Gottes Wort.
Wir sollten auch in jeder Situation auf Gott hören.
Als Bildmaterial benutzen wir Flanellbilder.

Predigt
2. Könige 21–23

1. Die Bibel ist Gottes Wort an dich!
   Wir bekommen alle gerne Post, außer vielleicht Reklame.
   Wir sollten Gottes Wort wie einen besonderen Brief, wie
   einen Liebesbrief an uns lesen.

2. Ich muss etwas tun, um den Brief zu verstehen.
   Bei Briefen, die Preisausschreiben enthalten, muss man
   manchmal richtig viel tun. Rubbeln, Klappen, kleben
   usw. Manche scheuen keine Mühe. Wir sollten keine Mühe scheuen, um Gottes Wort zu verstehen. Benutze Hilfs-
   mittel, Kommentare, Auslegungen, Atlanten. Der Ge-
   winn ist viel größer als bei jedem Preisausschreiben.

3. Wenn wir den Brief studiert haben, kann er uns leiten.
   (Wir halten eine Landkarte hoch.) Was ist das? Eine
   Landkarte. Diese kann uns nur dann den Weg weisen,
   wenn wir sie studiert und verstanden haben.
   So ist es auch mit der Bibel.
   Gottes Wort ist ein Brief an uns. Ein Brief verlangt nach
   einer Antwort. Antworte Gott auf seinen Liebesbrief an
   dich.

Schluss

Der Briefträger kommt nochmal und lässt die Kinder an jeden Besucher »Ein Buch mit sieben Siegeln« verteilen. Dann zeigt er, wie man es aufmacht. Das kann jeder als Erinnerung mitnehmen. (Eignet sich mehr für größere Kinder, da es nicht ganz so einfach zu basteln ist.)

Lied

Dein Wort ist meines Fußes Leuchte

Gebet

Ein Kind und ein Erwachsener danken Gott für sein Wort.

Die gute Nachricht:
Gott ist nicht nachtragend!

Begrüßung und Gebet für Gottesdienst

Bekanntmachungen

Aus einem größeren Pappkarton wird eine Art Fernseher gebaut, hinter dem jemand sitzen kann. Diese Person ist ein Nachrichtensprecher, der die Gemeindenachrichten vorliest.

Vorlage für Gemeindenachrichten:

»Hier ist das erste Fernsehprogramm der *(Name der eigenen Gemeinde einsetzen)* mit den Nachrichten. Meine sehr verehrten Damen und Herren, ich begrüße Sie ganz herzlich und wünsche Ihnen einen schönen Sonntagmorgen.

Wir beginnen mit den Gemeindenachrichten.«

Dann werden Geburtstage, Gemeindeveranstaltungen, Grüße u.a. vorgetragen.

»Das Wetter:

Heute wird es schön bleiben. Jedoch könnte es in den nächsten Tagen schlechter werden oder vielleicht auch besser. Die Temperaturen schwanken zwischen 10 und 30 Grad (je nach Jahreszeit möglichst übertreiben). Der Wind flaut ab oder frischt auf. Er kommt aus allen Richtungen.

Das war das Wetter.

Wir sind ja meistens gewohnt schlechte Nachrichten aus dem Fernsehen zu erhalten, deshalb möchten wir Ihnen zum Schluss unserer Sendung eine gute Nachricht bringen.

Die gute Nachricht: Gott ist nicht nachtragend.

Damit schalten wir wieder zurück in den Gottesdienst.«

Lobpreiszeit

Einleitung
Puppenstück: Koko hat Geburtstag (s. S. 62)

Lernvers
Vor Beginn des Gottesdienstes werden auf einen Tisch Wortstreifen gelegt und mit einem Tuch verdeckt.

Auf den Wortstreifen steht z. B. Stehlen, Ungehorsam, Lüge. Das sind alles Dinge, die man am liebsten versteckt, aber was sagt Gottes Wort dazu?

Man sagt den folgenden Vers vor und wiederholt ihn mit der Gemeinde mehrfach. Einmal sagen es nur die Frauen, dann nur die Männer, dann nur Mädchen, nur Jungen, oder alle, die im Februar Geburtstag haben o. a. Wer seine Fehler zugibt, dem vergibt Gott. Wer sie aber versteckt, dem wird es nicht gelingen (nach Spr 28, 13).

»Kinderpredigt«
Jona 1–4

Für die Kinderpredigt benutzt man das Puppentheater, was man schon für das Puppenstück brauchte. Eine Person erzählt die Geschichte von Jona. Andere sitzen hinter dem Theater und spielen mit den Gegenständen die Geschichte dazu. Man braucht mindestens eine Pappfigur als Jona (Figur, auf Pappe aufgemalt und ausgeschnitten), ein Bild mit einer Stadt (Ninive), einen Fisch, ein Schiff. Entweder malt man das nur auf und schneidet es aus. Besser wirkt es, wenn es dreidimensional ist.[5]

Predigt
Jona 1–4

1. Jeder macht Fehler! Jeder hat Schuld in seinem Leben! Wir sollten nicht auf Jona oder die Menschen von Ninive herabsehen, sondern er- und bekennen, dass wir selbst Fehler machen.

2. Vergebung ist die Lösung für unsere Fehler und Probleme!
Nicht durch Verstecken, Vertuschen, Verdrängen, Verleugnen und Verschieben verschwinden unsere Fehler und Schulden, sondern nur durch Vergebung.

3. Gottes Liebe ist der Grund für Vergebung!
Gott ist kein schwächlicher alter Mann, der vergibt, weil ihm nichts anderes übrig bleibt. Nein, die Vergebung kostete Gott viel mehr, nämlich seinen Sohn. Der Grund für die Vergebung ist Gottes Liebe zu uns. Wir sollten uns diese Liebe als Vorbild nehmen und aus Liebe gehorchen.

Gebet/Schluss

Puppentheater

Koko hat Geburtstag

Darsteller: Boohoo (Nilpferd), Twiga (Giraffe), Zebi (Zebra), Tombo (Elefant), Koko (Affenmädchen) (3 Spieler)

1. Szene: Boohoo, Twiga und Zebi kommen hoch und rufen: »Hallo Kinder!«
Zebi: »Ah, wie die Sonne brennt.«
Twiga: »Zum Glück hat uns Tombo diesen Teich hier (schaut runter) gegraben. Da können wir schön abkühlen!«

Boohoo:	»Ja, für Freunde macht man eben alles, besonders unser Tombo, der ist echt in Ordnung. Jetzt kann ich mein tägliches Bad bei euch in der Nähe nehmen.«
Zebi:	»Wir hätten nie genug Kraft gehabt, diesen Teich zu graben. Sogar für Tombo muss es noch eine GROSSE Anstrengung gewesen sein.«
Twiga:	»Das beweist, wie lieb er uns hat! Ich nehm gleich einen Trunk.« (alle trinken) »Nach dieser Erfrischung habe ich Lust auf einen Spaziergang. Kommt ihr mit?«
Alle:	» Ja, ja...« (marschieren in dieselbe Richtung weg/ runter)

2. Szene: Koko kommt hoch (trillernd)

Koko:	»Oh, seit wann gibt es denn hier einen Teich? Da kann ich mich ja drin spiegeln. – Ich habe eine Idee: Wartet Kinder, ich hol mir was, das wird lustig!« (Sie holt Steine und wirft sie über die Decke in den Teich.) Ah, die schönen Ringe, findet ihr nicht auch?! Und der Dreck, der da hoch kommt, lustig! Au ja, mit diesem Dreck hier wird das Wasser noch schneller trübe ...« (Während Koko weiter wirft, kommt langsam Boohoo von hinten und packt Koko am Ohr.) »Aua, aauuuaa, loslassen! Was ist denn los?«
Boohoo:	»Du kleines Affenmädchen, du Frechdachs! Du weisst ganz genau, dass wir aus diesem Teich trinken! Tombo hat ihn extra für uns gegraben!«
Koko:	»Ach, er war das, na und?«
Boohoo:	»Dummkopf, wenn du so viel Dreck reinschmeißt, kann man bald nicht mehr davon trinken. Sogar baden wird unmöglich, weil der Tümpel wieder verschlammt.!«
Koko:	»Ist ja logisch!«

Boohoo:	»Also dann, aufhören mit dem Unsinn!« (verschwindet)
Koko:	»Hihi, jetzt macht es noch mehr Spaß, ein verbotener Spaß. Findet ihr das nicht auch spannend?« (Während Koko noch Äste reinwirft, kommt Tombo. Koko erschrickt und rennt weg.) »Uii« (Tombo ab)

3. Szene: *(Twiga kommt und erklärt)*

Twiga:	»Heute ist ein besonderer Tag! Wisst ihr warum? Nun, weil Koko Geburtstag hat. Wo ist sie denn nur?« (Koko erscheint)
Koko:	»Hier!«
Twiga:	»Gratuliere zum Geburtstag! Hier ist dein Geschenk.« (Plastikapfel)
Koko:	»Danke Twiga, das ist mein zweiter Geburtstag in diesem Jahr, so werde ich schneller groß.«
Twiga:	»Das ist eine echte Affenweisheit. Übrigens, Tombo wollte dich sehen, soll ich dir ausrichten.« (verschwindet) »Tschüss!«
Koko:	»O nein, da mach ich mich lieber schnell aus dem Staub!«
Zebi:	»He Koko, wohin denn so schnell, ich habe eine Geburtstagsüberraschung für dich – eine feine Orange!«
Koko:	»Das ist aber lieb, vielen Dank! Ab nun werde ich drei Mal im Jahr Geburtstag feiern – so wird man schneller reich.«
Zebi:	»Übrigens, der Elefant sucht dich. Ein Geschenk wirst du von ihm wohl kaum erwarten können. Sein Teich sieht ja schlimm aus. Tschüss!«
Koko:	»Dieser dumme Teich vermießt mir die Geburtstagsstimmung. Dass Tombo aber auch immer alles sehen muss ...!«
Boohoo:	»Da bist du ja, Koko. Gratuliere zu deiner Geburtstagsmelone!«

Koko:	»Oh, Wassermelonen hab ich ja soo gerne! Ich denk, ich werde von nun an vier Mal im Jahr feiern. Wo ist denn die Melone?«
Boohoo:	»Tja, ich trug sie in meinem Maul – plötzlich vergaß mein Kopf, dass dies deine Melone war und so begannen meine Zähne zu kauen ... War prima! Erstklassige Melone, saftig!«
Koko:	(entrüstet) »Du hast meine Melone gefressen?!«
Boohoo:	»Ich sage ja immer: Die gute Absicht ist die Hauptsache.«
Koko:	»Bäääh! (Schneidet eine Fratze und rennt davon; verschwindet.)
Boohoo:	»Die hat kein Geschenk verdient! Gut, dass ich sie selbst gemampft habe!«

4. Szene: Tombo kommt an einem Ende hoch mit Bananen im Rüssel. In die Zuschauer blickend rennt Koko von der anderen Seite daher, in den Elefanten hinein.
Erschreckt schaut sie dann zu Boden ...

Tombo:	»Herzlichen Glückwunsch zum Geburtstag!« (Koko schaut verstohlen auf und flüstert »Danke«) »Schau hier, mein Geschenk für dich!«
Koko:	streckt die Hand danach aus schüttelt den Kopf und sagt: »Das habe ich aber nicht verdient! – Es tut mir Leid, du weißt ja ...«
Tombo:	»Weißt du, Koko, das habe ich dir schon lange verziehen!«
Koko:	»Vielen Dank, Tombo – ich gehe gleich zum Teich und mache ihn so gut es geht wieder sauber! Twiga, Zebi, Boohoo – kommt, wir wollen meinen schönsten Geburtstag feiern.«

2.11.

Säe das, was du ernten willst!

Begrüßung und Bekanntmachungen

Gebet

Lobpreiszeit

Einleitung

Man zeigt der Gemeinde Früchte (entweder vom Erntedanktisch oder als Bild). Dann werden die Kinder gefragt: Welche Früchte wachsen an einem Kirschbaum, an einem Birnenbaum, Pflaumenbaum, an einem Apfelbaum?

Aus einem kleinen Samen wächst ein großer Baum (Apfelsamen zeigen und Apfel). Aus kleinen Dingen werden große.

Im natürlichen Bereich ist das klar, aber im geistlichen ist es auch so.

Wenn wir freundlich behandelt werden wollen, müssen wir die anderen freundlich behandeln.
   Wenn wir Hilfe haben wollen, müssen wir hilfsbereit sein.

Wenn wir schlecht über andere reden, werden andere schlecht über uns reden.

Wenn wir andere belügen, werden wir selbst belogen.

Lernvers

Gal 6,7

»Denn was der Mensch sät, das wird er ernten.«
Die Erwachsenen sagen den ersten Teil des Verses, die Kinder den zweiten Teil.

»Kinderpredigt«

Jakob betrügt und wird betrogen (1. Mose 27–29)
Die Geschichte erzählt man mit Schattenbildern, die man auf den Overheadprojektor legt. Das können entweder Flanellbilder sein oder man schneidet sich aus Papier einfache Figuren aus.

Beim Erzählen sollte man nur die Dinge betonen, die für die Kinder wichtig sind. Z. B. dass Laban Jakob betrügt und ihm eine andere Frau gibt. Nur am Rand sollte man, wenn überhaupt, erwähnen, dass er noch eine zweite bekommt.

Predigt

Gal 6, 7 und Lebensbericht von Jakob

1. Was alle machen, ist noch lange nicht richtig!
   Das natürliche Gesetz gilt auch im geistlichen Bereich. Was wir säen, ernten wir. Ernten wir die Früchte des Geistes oder die Früchte des Fleisches?

2. Säe guten Samen!

3. Es ist Arbeit, guten Samen zu säen!
   Gute Frucht erntet man nicht im Vorbeigehen, gute Beziehungen fallen einem nicht in den Schoß. Wir sollten möglichst guten, reinen Samen säen und diesen Samen pflegen, denn sonst wird die Ernte schlecht.

Schluss

Verteilen von gutem Saatgut. Jeder zieht einen Zettel (Saatgut), liest ihn sich durch und überlegt, wie und wo er diese Saat in der nächsten Woche aussäen kann. Dafür hat man vorher kleine Zettel vorbereitet, auf denen stehen verschiedene Früchte des Geistes (s. Gal 5,22); Säe den Samen Geduld aus. Säe Freundlichkeit. Säe Liebe. Man sollte so viele Zettel haben, dass jeder Gottesdienstbesucher einen haben kann. In den Zettel kann man noch einen richtigen Samen von einer Blume o.a. hineinlegen.

Gebet

Einer betet für alle und bittet Gott, uns zu helfen, unsere gute Saat auszusäen.

Liebe üben!

Begrüßung und Bekanntmachungen

Gebet

Lobpreiszeit

Einleitung

Für die Kinder erzählt man eine Geschichte, in der ein Mensch einem anderen etwas Gutes tut oder seine Liebe zeigt (vielleicht etwas Selbsterlebtes).

Lernvers

»Es ist dir gesagt, Mensch, was gut ist ... nämlich ... Liebe üben.« (Mi 6,8)

Diesen Bibelvers schreibt man auf ein großes Pappherz. Dieses Pappherz zerschneidet man und klebt es auf vier Styroporteile. Diese vier Teile kann man zusammensetzen und den Bibelvers lesen. Vor dem Gottesdienst werden die vier Teile im Raum versteckt. Jetzt werden die Teile gesucht und zusammengesetzt. Immer, wenn ein Teil gefunden und nach vorn gebracht wurde, wird die Anweisung auf der Rückseite befolgt.

Die vier Anweisungen auf der Rückseite lauten:

- Gottes Liebe tanken (d. h. kurz die Augen schließen und Gott für seine Liebe danken).
- Jemand anderen begrüßen.
- Jeder fragt sich: Wen soll ich in der nächsten Zukunft einladen? Das sollte man dann möglichst bald tun!
- Man segnet sich gegenseitig, indem man kurz für seinen Nachbarn betet.

»Kinderpredigt«

Joh 13: Jesus zeigt seinen Jüngern seine Liebe, indem er eine Arbeit tut, die kein anderer machen wollte. Man kann diese Geschichte mit Flanellbildern erzählen. Man kann sie aber auch mit einigen Freiwilligen vorspielen. Die Freiwilligen können die Jünger spielen. Je nach Gemeinde sollte man die Freiwilligen vorher einweihen oder sie bitten, es auf der Bühne spontan zu spielen.

Predigt

Joh 13

Die Kinder bekommen diesmal kein Blatt, sondern ein Lesezeichen aus Pappe.

Oben steht drauf: Bitte bete für (Name eines Kindes). Jedes Kind bekommt ein (oder auch mehrere Lesezeichen mit seinem Namen, je nach Größe der Gemeinde).

Den Rest des Lesezeichens können die Kinder während der Predigt bemalen.

1. Jesus liebt mich!
   Liebe und Geliebtwerden ist ein Grundbedürfnis von uns Menschen. Gott stillt dieses Grundbedürfnis mit seiner bedingungslosen Liebe, wenn wir das zulassen.

2. Liebe ist eine Entscheidung!
   Wir sollten auch andere lieben. Es beginnt mit einer Ent-

scheidung. Jesus hat sich entschieden, die Menschen zu lieben und für sie zu sterben.

Jetzt bekommt jeder Erwachsene ein kleines Pappherzchen ausgeteilt. Auf der Vorderseite beantwortet jeder in einer Zeit der Stille die Frage:

– Was liebe ich an meiner Gemeinde? Was finde ich gut?

3. Liebe zeigt sich in der Tat!

»Liebe ist der bewusste, schöpferische Akt der Zuwendung zu einem anderen Menschen, um ihm im Namen Jesu zu helfen oder eine Freude zu machen, ohne dafür Bedingungen zu stellen.«[6]

Am Ende des dritten Punktes kommt wieder eine praktische Übung:

Auf der Rückseite des Herzchens beantwortet jeder die Frage: Was kann ich tun, damit es noch besser wird ... damit wir noch mehr Liebe in unserer Familie und/oder Gemeinde haben?

Schluss

Die Kinder verschenken ihre Lesezeichen an Erwachsene, damit diese für sie beten.

Dankbarkeit

Begrüßung/Bekanntmachungen

Lobpreiszeit
Als Einschub in die Lobpreiszeit kommen:

Suchspiel
Aus Pappe werden sechs Quadrate ausgeschnitten, auf denen je ein Buchstabe steht. Und zwar die Buchstaben D, A, N, K, E, N.

Nun werden die Pappquadrate an der Unterseite der Sitzfläche von sechs verschiedenen Stühlen versteckt (z. B. indem man sie anklebt oder festklemmt).

Dann suchen alle Gottesdienstbesucher unter ihrem Stuhl nach einem Buchstaben. Wer unter seinem Stuhl einen findet, bringt ihn nach vorn und dort setzen die sechs Finder das Wort zusammen.

Das ist unser heutiges Thema.

Frage an die Kinder: Was meint ihr, sagt die Bibel auch etwas dazu? Wahrscheinliche Antwort: Ja

Lernvers
»Danket dem Herrn, denn er ist freundlich.« (Ps 106,1)

Diesen Vers kann man als eine Art Rap sprechen lassen. D.h. man beginnt mit dem Klatschen und spricht dann rhythmisch diesen Vers. Man kann schnell oder auch langsam klatschen oder mit kurzen Pausen, aber Klatschen und Sprechen müssen zusammenpassen.

Interview

Man geht mit einem Mikrofon durch die Gemeinde und fragt: Wofür bist du dankbar? (Bei dieser Frage können auch gut Kinder antworten.)

Lobpreiszeit

Fortsetzung der Lobpreiszeit:
Ein gut geeignetes Lied hierfür ist das bekannte Lied: Ich will einziehn in sein Tor mit dem Herzen voller Dank.

Dazu bildet man etwa 4 Paare (je nach Platz). Das müssen keine »richtigen« Paare sein. Diese stellen sich an verschiedenen Stellen im Raum auf und bilden jeweils ein Tor. Indem sie die Hände hochhalten und aneinander legen. Dann singt man das Lied und die ganze Gemeinde läuft durch die Tore.

Zwischendurch hört man plötzlich auf zu singen und die Person, die gerade durch das Tor läuft, wird gefangen (man sollte sich fangen lassen). Die gefangene Person sagt dann den Torhütern, wofür sie dankbar ist. Dann geht es weiter. Man sollte die Pausen nicht zu lang machen. Nur kurz, dafür lieber öfter.[7] Danach können noch weitere Lobpreislieder gesungen werden.

Gebet

Man bildet kleine Gruppen, z.B. Familien oder immer drei, die zusammensitzen und dankt Gott für die Dinge, für die man dankbar ist.

Diese Zeit sollte nur kurz sein und bildet den Abschluss der Lobpreiszeit.

Puppenspiel
Thema: Dankbarkeit

Tom: (sitzt auf der Bühne und grummelt vor sich hin)
Sally: (kommt vorbei) Was ist denn mit dir los, Tom? Du bist ja so mürrisch.
Tom: Ja, mürrisch bin ich und dazu habe ich auch allen Grund.
Sally: Aber wieso denn? Du hast doch eigentlich allen Grund, dich zu freuen. Du hattest doch gestern Geburtstag. Wenn ich Geburtstag hatte, bin ich immer richtig froh. Ich freue mich über die vielen Geschenke und über die tolle Feier, die ich hatte.
Tom: Ja, ja, du bist froh, aber ich nicht.
Sally: Aber warum denn nicht?
Tom: Ich habe so gebetet, dass ich von meinen Eltern eine Eisenbahn zum Geburtstag bekomme und was haben sie mir geschenkt? Ein Fahrrad. Ich habe ihnen extra gesagt, dass ich mir eine Eisenbahn wünsche.
Aber sie meinten, dass ich besser ein Fahrrad gebrauchen könnte. Ich hab mich auch nicht für das Fahrrad bedankt.
Sally: Und stimmt es nicht? Brauchst du nicht eigentlich mehr ein Fahrrad?
Tom: Doch schon, aber ich wollte eben eine Eisenbahn.
Sally: Weißt du Tom, du bist ganz schön undankbar. Du solltest dankbar sein, dass deine Eltern so nett zu dir sind. Außerdem ist ein Fahrrad doch wirklich etwas Tolles. Komm, wir fahren zusammen und nachher bedankst du dich für dein Fahrrad.

»Kinderpredigt«
Die zehn Aussätzigen (Lk 17, 11–19)
Die Geschichte erzählen wir mit Overheadfolien.[8]

Hauptgedanke: Sei dankbar für das, was Gott dir schenkt.

Predigt

Predigt zum Thema Dankbarkeit.

1. Habe Erwartungen an Jesus!
   (Diese Männer hatten Erwartungen, s. Vers 13.)
2. Habe Glauben und sei gehorsam!
   (Diese Männer mussten zu den Priestern gehen,
   Vers 14, dabei wurden sie gesund.)
3. Sei dankbar! (90% der Männer waren undankbar.
   Wie viel Prozent bei uns sind undankbar?)

Schluss

Jetzt sagen wir Gott zum Schluss noch Danke. Wir machen das jetzt etwas anders als sonst. Ich rufe einen Buchstaben oder ein Wort und ihr ruft ihn mir nach. Man ruft D und die Gemeinde ruft D, danach A und die Gemeinde ruft A usw.

Wie heißt das Wort? Alle rufen DANKE!

»Danke, dass du, Herr, in dieser Woche bei uns bist! AMEN«

Segen

Rede, Herr, denn dein Knecht hört!

Begrüßung und Bekanntmachungen

Gebet
Die Person, die als nächstes Geburtstag hat, darf heute für den Gottesdienst beten.

Lobpreiszeit

Einleitung
Drei Freiwillige werden nach vorn gerufen und jedem werden die Augen verbunden. Dann müssen sie Geräusche erraten (Wecker, Klatschen, Papier zerreißen, Geld klimpern lassen, Streichholz anzünden, Hände aneinander reiben).

Wer errät, was das Thema für heute sein könnte? HÖREN

Interview
Ich möchte euch einige Fragen stellen:
Für wessen Reden sollen wir besonders offen sein?
Wie redet Gott zu uns?
Die Antworten lässt man auf eine Folie schreiben.
Ist es immer leicht zu hören?
Ist es immer leicht zu gehorchen?
Was machen wir meistens viel lieber als zuhören? Selbst reden!

Lernvers

Deshalb wollen wir einen Vers lernen:
Rede, Herr, denn dein Knecht hört. (1. Sam 3, 9)
(Hand an Mund, nach oben zeigen, auf sich zeigen, Hände an Ohren halten.)

»Kinderpredigt«

Samuel hört zum ersten Mal Gottes Reden (1. Sam 3, 1–21).
   Die Geschichte von Samuel wird passend zum Thema vorher als Hörspiel auf Kassette aufgenommen (am besten mit verschiedenen Sprechern und Geräuschen) und im Gottesdienst abgespielt.

Predigt

1. Sam 3, 1–21
1. Sei bereit zu dienen!
2. Sei Gott nahe!
3. Sei bereit zu hören und zu gehorchen!

Gebet

2.15.

Begrüßung und Bekanntmachungen

Gebet

Ein Erwachsener und ein Kind (vorher ein Kind darum bitten) beten für den Gottesdienst.

Lobpreiszeit

Lernvers

Fünf Erwachsene werden mit ihrer Bibel nach vorn gerufen.

Alle halten ihre Bibeln hoch. Der »Spielleiter« sagt die Bibelstelle: 1. Joh 4,4, alle Mitspieler wiederholen den Vers und wenn der Spielleiter »suchen« ruft, müssen alle ganz schnell die Bibel nach unten holen und den Vers suchen. Wer ihn als erster hat, tritt vor und beginnt zu lesen.

=> Wie heißt das Thema? Gott ist immer größer!

Lied

Wenn man diesen Bibelvers als Lied kennt, kann man ihn auch singen.

»Kinderpredigt«

Die zwölf Kundschafter erforschen Kanaan (4. Mose 13–14)

Für die Kinderpredigt ist diesmal ein größerer Aufwand

nötig. Mit Pappkartons wird ein möglichst großes menschliches Gebilde gebaut. Z. B. je zwei Bananenkartons übereinander als Beine, zwei ganz große Kartons als Körper, je zwei Bananenkartons als Arme an den Seiten und einen Karton als Kopf. Dies alles beklebt man mit Papier oder bunter Tapete und bemalt es, wo es nötig ist. (Die Kartons halten am besten zusammen, wenn man jeweils zwei Löcher durch beide Kartons sticht, eine Schnur durchzieht und diese verknotet.)

Je größer das ganze ist, desto eindrucksvoller wirkt es. Diese Figur wird auf der Bühne an die Wand gelehnt.

Oben am Kopf oder an der Schulter wird eine dünne Nylonschnur befestigt. Vor die Figur werden in einigem Abstand (etwas weniger als die Figur hoch ist) Kissen oder Polster gelegt und mit Stoff verhüllt.

Vor dem Gottesdienst wird außerdem der ganze Riese mit Papier verdeckt. (Hierfür kann man Tischdecken aus Papier nehmen, die an der Decke befestigt werden.) Nun wird die Geschichte von den Kundschaftern erzählt. Dabei bilden die Kissen das Gebirge. Man erzählt und spielt die Geschichte, wie die Kundschafter über das Gebirge und zur Stadt kommen. Sie schauen in die Stadt (dabei schaut man durch einen Spalt hinter das Papier). Was ist das? – Riesen! (Während man das ruft, reißt man das Papier herunter, so dass alle den Riesen sehen können.)

Alle haben Angst und rennen weg. Nur zwei sind mutig.

Man endet mit der Frage: Was sind die Riesen in deinem Leben? Wovor hast du Angst?

Jeder bekommt einen Zettel und schreibt es auf. Jeder kann dann nach vorn gehen und seinen Zettel an den Riesen kleben!

Wenn alle fertig sind, fragen wir, was wir vorher gesagt oder gesungen haben. Gott ist immer größer als der Teufel, als alle Probleme, die sich wie Riesen vor uns auftürmen. Ein Wort von Gott genügt und sie stürzen ein. (Dabei an der Schnur ziehen oder jemand aus den vorderen Reihen ziehen lassen und der Riese stürzt nieder. *Vorsicht!!!* Es darf niemand zu nah dran sitzen!

Am besten vorher ausmessen und genügend Sicherheitsabstand einplanen. Hinter dem Riesen hat man vorher an die Wand ein Plakat mit der Aufschrift: »Gott ist immer größer« befestigt. Das sollte man jedoch erst sehen, wenn der Riese am Boden liegt.

Predigt

4. Mose 13–14
1. Gott gibt Aufträge!
2. Habe Erwartungen, wenn Gott redet!
3. Gott handelt nach unseren Erwartungen!

Gebet

In Kleingruppen danken wir Gott, dass er unsere Sorgen und Ängste von uns nimmt.

Der liebende Vater!

Begrüßung und Bekanntmachungen

Gebet

Lobpreis

Einleitung

Heute wollen wir ein Quiz machen.
Wir brauchen zwei Freiwillige, die etwas Bibelkenntnisse haben.

Den beiden werden folgende fünf Fragen gestellt. Immer der erste Buchstabe der Antwort wird aufgeschrieben und ergibt am Ende das gesuchte Lösungswort:

- Wie nennt man die Versprechen, die Gott den Menschen in der Bibel macht? *Verheißungen.*
- Wie hieß der erste Mensch? *Adam.*
- Ergänze den folgenden Satz: Die Bibel besteht aus dem Alten und dem Neuen ...! *Testament.*
- Welches Buch kommt im Alten Testament nach Nehemia? *Esther.*
- Richtig oder Falsch? Der Bruder von Jakob hieß Esau. *Richtig.*

Das Lösungswort ist *Vater.*
Was ist denn ein Vater?
Wie ist ein guter Vater? Was macht ein Vater?

Man geht durch die Reihen und fragt Einzelne mit dem Mikrofon nach ihrer Meinung.

Dann fragt man: Hat jemand einen Vater, der alle diese Eigenschaften hat?

Kein Mensch kann das, aber Gott ist ein Vater, der alle diese Eigenschaften hat.

Lernvers

Joh 1, 12

Man liest den Vers vor und sagt ihn zusammen auf.

Wie werden wir denn ein Kind Gottes? Ich muss seine Liebe annehmen.

So wie ich ein Geschenk annehmen muss, damit es mir gehört.

»Kinderpredigt«

Der liebende Vater (Lk 15, 11–32)

Für diese biblische Geschichte bastelt man Stabpuppen (Puppen aus Pappe, die man an einen Stock klebt und bemalt oder mit Stoff beklebt). Entweder erzählt einer die ganze Geschichte oder die verschiedenen Personen, die die Puppen führen, sprechen auch noch für ihre Puppen (ähnlich wie beim Kaspertheater).

Beim Erzählen der Geschichte muss man darauf achten, dass die Eigenschaften, die der Vater hat, auch genannt werden, denn die größeren Kinder bekommen die Aufgabe, die Eigenschaften des Vaters mitzuzählen.

(Hinterher können sie es mit ihrem Arbeitsblatt vergleichen und evtl. noch andere dazuschreiben.)

Predigt

Lk 15, 11–32

Frage

Die größeren Kinder lesen zum Schluss die Eigenschaften vor, die sie gefunden haben.

Gebet

Um jeden Vater in der Gemeinde stellen sich einige Kinder und Erwachsene und beten für diesen Vater. So werden alle Väter der Gemeinde gesegnet.

Gemeinsam und mit Jesus sind wir stark!

Begrüßung und Bekanntmachungen

Gebet
Wenn jemand aus einem anderen Land da ist, kann man diese Person bitten, in ihrer Muttersprache für den Gottesdienst zu beten.

Lobpreiszeit

Einleitung
Man zeigt einen einzelnen Zahnstocher und fragt : Wer ist so stark, dass er diesen Zahnstocher durchbrechen kann? Eine Person kommt und bricht mühelos den Zahnstocher durch. Die Person bleibt vorn.

Viel schwieriger ist es schon, wenn man fünf Zahnstocher zerbrechen muss. Aber unmöglich ist es jetzt (dabei schiebt man in die Mitte von einigen Zahnstochern einen dicken, langen Nagel. Das ganze umwickelt man mit einem Gummiband). Nun bittet man die Person, es nochmal zu versuchen. Das klappt nicht.[9]

Wir brauchen alle Hilfe. Nun werden verschiedene Situationen dargestellt, in denen einer die Hilfe des anderen braucht. (Für diese Situationen kann man spontan Freiwillige nach vorn rufen, da sie nicht schwierig sind.)

- Man deponiert etwas weit oben, wo ein Kind nicht heran-kommt (vor dem Gottesdienst). Dann bittet man ein Kind, diesen Gegenstand zu holen. Das Kind braucht die Hilfe eines Erwachsenen.
- Denselben Erwachsenen bittet man jetzt aus einem en-gen Glas einen Zettel zu holen, ohne das Glas mit der Öffnung nach unten zu halten. Der Erwachsene schafft es nicht. Nun bittet man das Kind und dieses holt den Zet-tel heraus.

»Kinderpredigt«

Der Gelähmte und seine Freunde (Lk 5, 17–26)
Diesen Bericht erzählt man mit vier aneinandergeklammer-ten (mit den Klammern, mit denen man große Briefum-schläge verschließt) Pappstreifen (s. S. 86).[10]

Vertiefung

Als Vertiefung der biblischen Geschichte kann man je nach Zeit noch die Dia-Serie »Nilpferdlaunen«[11] zeigen. Das ist die Geschichte eines übellaunigen Nilpferdes, das trotzdem einem anderen Tier hilft und dem es danach selbst besser geht.

Predigt

Lk 5, 17–26

Gebet

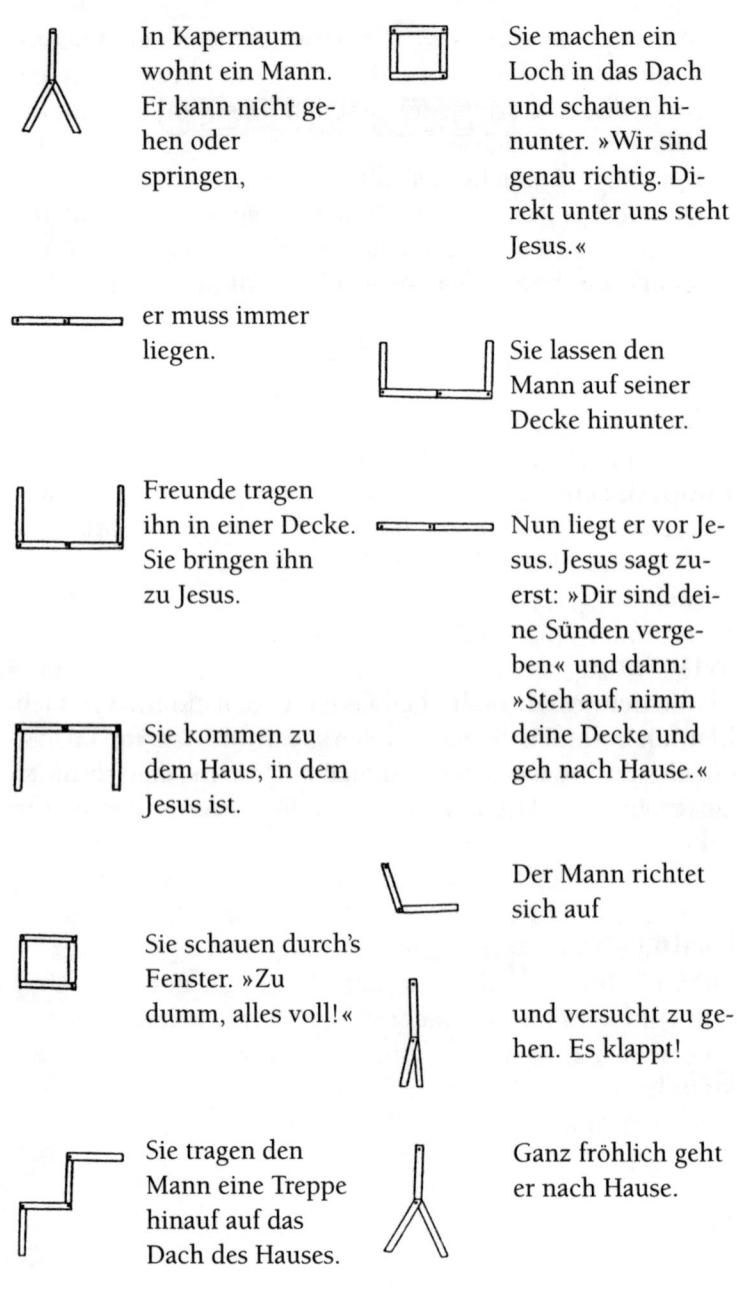

In Kapernaum wohnt ein Mann. Er kann nicht gehen oder springen,

er muss immer liegen.

Freunde tragen ihn in einer Decke. Sie bringen ihn zu Jesus.

Sie kommen zu dem Haus, in dem Jesus ist.

Sie schauen durch's Fenster. »Zu dumm, alles voll!«

Sie tragen den Mann eine Treppe hinauf auf das Dach des Hauses.

Sie machen ein Loch in das Dach und schauen hinunter. »Wir sind genau richtig. Direkt unter uns steht Jesus.«

Sie lassen den Mann auf seiner Decke hinunter.

Nun liegt er vor Jesus. Jesus sagt zuerst: »Dir sind deine Sünden vergeben« und dann: »Steh auf, nimm deine Decke und geh nach Hause.«

Der Mann richtet sich auf

und versucht zu gehen. Es klappt!

Ganz fröhlich geht er nach Hause.

Errettung durch Glauben!

Begrüßung und Bekanntmachungen

Gebet

Lobpreiszeit

Einleitung

Man nimmt eine Erdnuss in die Hand, so, dass es keiner sieht und sagt zu den Gottesdienstbesuchern: Ich habe hier in meiner Hand einen Gegenstand, den hat noch kein Mensch gesehen, selbst ich nicht, obwohl ich ihn in der Hand halte. Den wird in Zukunft auch kein Mensch mehr sehen. Glaubt ihr das? Das scheint unmöglich zu sein. Was könnte das wohl sein?

(Man lässt die Gemeinde ein wenig raten. Dann zeigt man die Erdnuss und knackt sie auf.) Diesen Erdnusskern hat noch kein Mensch gesehen, selbst ich nicht.

(Man steckt den Kern in den Mund und isst ihn.) Und nun wird kein Mensch mehr diesen Kern wieder sehen.

Es schien unglaublich, aber es war ganz einfach. Dass Gott uns liebt und seinen Sohn für uns gesandt hat, scheint vielen unglaublich zu sein. Aber es ist so.[12]

Lernvers
Joh 3, 16

Man sollte diesen Vers in einer modernen Übersetzung wählen. Ein oder mehrere Teenies, die gut rappen können, tragen den Vers mehrmals vor.

»Kinderpredigt«

1. Mose 6, 9–9,17

Noah wird durch seinen Glauben und durch sein Handeln gerettet. Man kann bei den Kindern auch betonen, dass er Gott gehorsam war, obwohl ihn andere Menschen auslachten und verspotteten. Weil er gehorsam war, wurden seine Familie und er gerettet.

Man zeichnet in die Umrisse einer Arche verschiedene Ereignisse im Leben Noahs. Diese Arche schneidet man in mehrere Teile, klebt Haftstreifen dahinter und hängt immer das Teil dazu, von dem man gerade erzählt.

Anwendung

Wie wurde Noah gerettet? Weil er an Gott glaubte.

Wie werden wir gerettet? Wenn wir an Gott glauben und die folgenden vier Dinge kennen und glauben:

Jesus liebt mich. Ich habe gesündigt. Jesus starb für mich und wurde lebendig. Ich nehme ihn an.

Diese vier Punkte kann man gut mit dem Handschuh der Guten Nachricht verdeutlichen.[13]

Predigt

1. Mose 6,9–9,17

1. Errettung ist nötig!

Wir können sehen, dass die Zeit, zu der Noah lebte der unsrigen in vielen Punkten ähnelt. Damals wie heute ist Errettung nötig.

2. Errettung ist möglich!

Damals wie heute ist Errettung möglich. Noah lebte in einer ungerechten Umgebung. Trotzdem war er gerecht. Er wurde gerettet und wir können gerettet werden. Ja, wir können sogar noch viele andere Menschen retten.

3. Errettung geschieht durch Buße, Glaube und Gehorsam! Na klar, das wissen wir doch längst. Aber tun wir es auch? Sind Buße, Glaube und Gehorsam Bestandteil unseres täglichen Lebens?

Gebet
Dank für Gottes Liebe und Rettung durch Jesus.

Schluss
Die Kinder bekommen das Heft »Gute Nachricht«[14] geschenkt. (Das ist ein kleines, evangelistisches Heftchen für Kinder, das die Gedanken des Handschuhs der guten Nachricht nochmal verdeutlicht.)

Erwarte viel von Jesus!

Begrüßung und Bekanntmachungen

Gebet

Lobpreiszeit

Einleitung

Man stellt eine größere Schüssel vorn hin und hält in der einen Hand ein Glas, in der anderen eine Kanne, die mit Wasser gefüllt ist.

Man sagt zu den Gottesdienstbesuchern: Stellt euch mal vor, jemand, der Durst hat; der sehr viel Durst hat; einer, der verdurstet, kommt zu mir und bittet um Wasser.

Ich gieße nur ein winziges Tröpfchen ein. Wäre das in Ordnung? (Dabei gießt man ein Tröpfchen in das Glas.)

Nein, wir würden ihm gerne mehr geben.

Jesus gibt uns auch gerne mehr. Er gibt uns die Fülle.

(Mit dem Glas Wasser und der Kanne zeigen, wie Jesus gibt. Er gibt so viel, dass es überläuft. Er gibt die Fülle. Das Glas voll gießen und überlaufen lassen.)

»Kinderpredigt«

Heilung eines Gelähmten (Apg 3, 1–16)

Man malt mit einem dicken Stift Strichmännchenfiguren (passend zur biblischen Geschichte: zwei stehende Figuren, eine sitzende Figur und das Bild vom Haus (s. S. 96) und schneidet sie aus. Diese Figuren legt man nach und nach auf den Overheadprojektor und erzählt damit die Geschichte. Das sind dann eine Art Schattenbilder.

Puppenstück
Erwarte viel von Jesus (s. S. 92)

Predigt
Apg. 3, 1–16

1. Was erwartest du von Jesus ?

Der Gelähmte hatte ein großes Problem. Er erwartete für die Lösung seines Problems keine Hilfe. Er erwartete nur eine Linderung, ein wenig Geld, um leben zu können. Wir sollten nicht von Menschen die entscheidende Hilfe erwarten, sondern unsere Erwartungen vor allem auf Jesus setzen.

Er kann uns helfen, so wie er durch Petrus und Johannes dem Gelähmten geholfen hat.

2. Was erwartet Jesus von dir?

Wir müssen uns Jesu Hilfe nicht verdienen, trotzdem erwartet Jesus etwas von uns. Bitte Jesus, dir konkret zu zeigen, was er von dir erwartet. Z. B. dass du ihm mehr Zeit gibst. Jesus erwartet von allen, dass sie seine Zeugen sind. Wir müssen nicht perfekt, sondern bereit sein.

Gebet/Schluss
In einer Zeit der Stille stellt sich jeder nochmal die Fragen und beantwortet sie:

1. Was erwartest du von Jesus?
2. Was denkst du, erwartet Jesus von dir?

Puppenstück

Erwarte viel von Jesus

Tom:	Hallo Kinder!
Kinder:	Hallo Tom!
Tom:	Was macht ihr denn alle hier?
	Wartet ihr hier auf jemand?
Kinder:	Nein. Hier ist Familiengottesdienst.
Tom:	Ach, deshalb sitzen hier soviel Leute.
	Ich warte aber auf jemand.
	Ich bin mit meinem besten Freund hier verabredet.
	Wisst ihr wie der heißt?
Kinder:	Nein.
Tom:	Der heißt Max. Max ist mein bester Freund.
	Mit dem mache ich fast alles zusammen.
	Eigentlich müsste er schon hier sein. Sonst kommt
	er immer, wenn wir uns verabreden.Wo bleibt
	er nur? (läuft suchend auf und ab)
	Komisch. Wisst ihr was, Kinder, ich gehe Max
	suchen und ihr ruft mich, wenn er kommt.
	(läuft los und dreht sich wieder um)
	Aber ihr wisst ja gar nicht, wie mein Freund Max
	aussieht. Also er hat immer eine rote Mütze auf.
	Daran erkennt ihr ihn. Passt mal auf, wir probieren
	das jetzt mal mit dem Rufen. Ich zähle bis drei und
	dann ruft ihr so laut ihr könnt: Tom. (zählt) 1, 2, 3.
Kinder:	Tom!
Tom:	Das macht ihr sehr gut. Also vergesst nicht,
	meinen Namen zu rufen, wenn Max kommt.
	(läuft los und verschwindet auf der einen Seite
	der Bühne)
	(kommt noch mal zurück und sagt)
	Aber ihr müsst mich wirklich rufen.
	(verschwindet wieder)
Max:	(kommt keuchend von der anderen Seite der
	Bühne angerannt) O nein, es ist viel zu spät.

	Bestimmt ist er nicht mehr da. Tom, wo bist du? Dein Freund Max ist hier.
Kinder:	(rufen) Tom!
Max:	Wieso ruft ihr denn Tom? Er ist doch gar nicht hier. Genau den suche ich. Sucht ihr ihn auch? Ihr müsst nämlich wissen, dass wir hier verabredet waren. Leider bin ich heute viel zu spät dran. Ich konnte nicht schneller kommen. Was sagt ihr da gerade? Er war eben hier und ihr solltet ihn rufen, wenn ich komme? Das ist ja toll, dann kommt er bestimmt gleich.
Tom:	(kommt wieder auf die Bühne)
Max:	Ah, da ist er ja schon!
Tom:	Wo warst du denn so lange?
Max:	Ich musste noch meine Hausaufgaben machen. Aber jetzt lass uns endlich zusammen auf unserem Spielplatz spielen.
Tom:	Wollen wir Fangen spielen? Du fängst mich zuerst.
Max:	(rennt hinter Tom her) Ich hab dich. Du bist dran.
Tom:	(rennt hinter Max her). Jetzt hab ich dich. Du bist dran.
Sally:	(taucht an einem Bühnenende auf)
Max:	Warte mal, Tom. Schau mal da drüben. Wer ist das denn?
Tom:	Das ist die Sally, die mit den roten Haaren.
Max:	Ach ja, die kenne ich auch. Aber sag mal, was will die denn von uns. Schau mal, die kommt auf uns zu.
Sally:	(kommt zu den beiden Jungen) Darf ich bei euch mitspielen?
Tom:	Nee, du nicht.
Max:	Wir wollen allein spielen. Ohne dich.
Sally:	Ach, lasst mich doch auch mal mitspielen.
Tom:	Nein. Du darfst nicht mit uns spielen. Hau ab.
Sally:	(bleibt immer noch stehen)
Max:	Hast du nicht gehört? Du sollst gehen.

Sally: (bleibt immer noch stehen, ohne was zu sagen,
         fängt an zu weinen)
Max: Komm, Tom, dann gehen wir. (geht mit Tom weg)
Sally: (steht immer noch da)
Ma-Lu: (kommt singend auf die Bühne, sieht Sally weinen
         und fragt die Kinder)
         Was ist denn mit dem Mädchen los? Warum weint
         sie denn?
         Ich gehe sie mal fragen.
         Hallo, wie heißt du denn?
Sally: Ich heiße Sally.
Ma-Lu: Ich heiße Marie-Luise. Aber alle nennen mich
         Ma-Lu.
         Warum weinst du denn? Hast du dich verlaufen?
Sally: (schluchzend) Nein, das nicht. Ich bin traurig.
Ma-Lu: Aber warum denn? Was ist denn passiert?
Sally: Ach, keiner mag mich. In der Schule ärgern sie
         mich immer.
Ma-Lu: Aber deshalb brauchst du doch nicht so zu weinen.
Sally: Doch, denn in Mathe komme ich nicht richtig mit
         und dann will mich keiner mitspielen lassen.
         Tom und Max wollten mich auch nicht mitspielen
         lassen.
Ma-Lu: Hast du schon mal daran gedacht, dass Jesus dir
         helfen könnte?
Sally: Wer? Jesus? Gehört habe ich schon mal von ihm.
         Meinst du, von ihm kann man wirklich Hilfe
         erwarten?
Ma-Lu: Ja, das glaube ich wirklich. Ich hatte früher ganz
         viel Angst vor anderen Kindern und vor Tieren.
         Dann habe ich Jesus um Hilfe gebeten, und Jesus
         hat mir nicht nur die Angst genommen, sondern
         er hat mir auch Mut geschenkt. Sonst hätte ich dich
         jetzt garnicht ansprechen können.
Sally: Meinst du Jesus kann mir bei so vielen Sachen
         helfen? Ist das nicht zu viel?

Ma-Lu: Nein, auf keinen Fall. Du kannst ganz viel von
Jesus erwarten.
Für ihn ist nichts zu viel oder zu schwer.

Sally: Wie macht man das denn, Jesus um Hilfe bitten?

Ma-Lu: Wir können einfach zu Jesus beten und ihm sagen,
dass wir seine Hilfe erwarten. Ich bete jetzt für dich:
»Herr Jesus, du siehst, dass Sally geärgert wird,
in der Schule Probleme hat und keinen, der mit ihr
spielt. Wir erwarten deine Hilfe. Bitte hilf Sally.
Amen.« Komm, jetzt spiele ich mit dir.

Sally: Mir geht es schon viel besser. Kann ich denn immer
zu Jesus beten?

Ma-Lu: Wir können immer mit Jesus reden. Wir können
nicht alles, aber Jesus kann alles. Von ihm können
wir Hilfe erwarten.

Sally: Das ist ja toll. Ich will noch viel mehr von Jesus
erwarten.

Tom und
Max: (kommen auf die Bühne) Was spielt ihr denn da?
Dürfen wir mitspielen?

Sally: N … Na klar könnt ihr mitspielen.

Jesus ist das Licht der Welt!

Ich will auch ein Licht sein!

Begrüßung/Gebet/Bekanntmachungen

Lobpreiszeit
z. B. Herr das Licht deiner Liebe leuchtet

Einleitung
Zwei Kinder werden nach vorn gerufen. Einem werden die Augen verbunden, dem anderen nicht. Auf der Bühne steht ein Tisch auf dem ein Gegenstand liegt, der gefunden werden muss (z. B. eine Süßigkeit). Erst sucht der mit verbundenen Augen und danach der andere. Der mit den offenen Augen fand den Gegenstand sehr schnell. Warum?

Er hatte Licht. Beim anderen war es dunkel.

Wozu braucht man denn Licht?

Zum Sehen, damit wir Dinge finden, damit wir nicht stolpern beim Gehen, zum Wachstum (der Pflanzen), als Wärmequelle, ohne Licht gäbe es kein Leben.

Lernvers
Man zeigt das Bild von einem Leuchtturm und erklärt, welche Funktion dieser hat. Man kann auch einen Leuchtturm aus Pappkartons basteln (es kann ja auch ein kleiner sein). Oben, wo das Licht leuchtet, klebt man durchsichtiges Papier hinein, stellt den Overheadprojektor so dahinter, dass sein Licht nur dort oben reinfällt (wenn der Lichtkegel des Overheadprojektors zu groß ist, kann man diesen durch das

Auflegen von Pappe/Papier verkleinern) und erzählt, wie gefährlich es für Schiffe sein kann, wenn der Leuchtturm kaputt ist. An dieser Stelle macht man den Overheadprojektor aus. Bevor man ihn wieder anmacht, hat man eine Folie mit dem Bibelvers aus Joh 8,12 aufgelegt, die dann im Lichtkegel des Leuchtturms zu lesen ist.

»Ich bin das Licht der Welt. Wer mir nachfolgt, der wird nicht wandeln in der Finsternis, sondern wird das Licht des Lebens haben« (Joh 8, 12).

»Kinderpredigt«

Als Theaterstück wird »Philippus und der Kämmerer aus Äthiopien« (Apg 8, 26–39) gespielt.

Jesus ist unser Licht und wir sollen ein Licht für andere sein.

Philippus hat eine brennende Kerze, der Kämmerer eine nicht brennende.

Am Ende des Gespräches entzündet der Kämmerer seine Kerze bei Philippus. Jetzt leuchtet er auch für Jesus.

Predigt

Joh 8, 12
Apg 8, 26–39

Gebet/Schluss

Jeder Besucher bekommt ein Bild von einer Kerze mit der Aufschrift:
Joh 8, 12 »Ich bin das Licht ...«

Sei bereit!

Begrüßung und Gebet

Interview

Wozu sind Menschen bereit? Was tun Menschen?

Sportler sind bereit, viel zu trainieren. Manager sind bereit, viel zu arbeiten.

Eltern sind bereit, viel für ihre Kinder zu tun.

Umweltschützer sind bereit, viel für die Umwelt zu tun.

Wir sollten als Christen bereit sein, Gutes zu tun. Gott tut uns so viel Gutes, das wollen wir weitergeben. Dafür wollen wir ihm danken.

Lobpreiszeit

Lernvers

»(Seid bereit) ... zu allem guten Werk!« (Tit 3,1)

»Kinderpredigt«

Apg 9, 36–43: Auferweckung der Tabita

Tabita war bereit, Gutes zu tun. Jesus war bereit, Gutes zu tun.

Bist auch du bereit, für Jesus und andere Menschen Gutes zu tun?

Während man die Geschichte erzählt, zeichnet man mit

einfachen Strichmännchen die Geschichte nach. Man nennt
diese Art des Zeichnens Sprechzeichnen.[15]
(siehe unten)

Predigt

Apg 9, 36–43
Glaube und Werke gehören zusammen.
Man kann die Werke nicht vom Glauben trennen.

Gebet/Schluss

Jeder Gottesdienstbesucher bekommt zum Schluss einen
Müsliriegel mit der Aufschrift: Sei bereit, Gutes zu tun!

Tabita war bereit, Gutes zu tun!

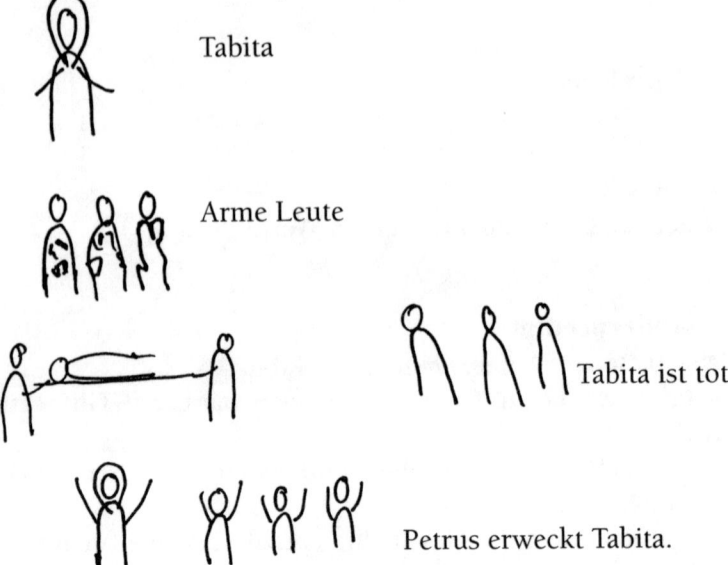

Tabita

Arme Leute

Tabita ist tot

Petrus erweckt Tabita.

Gehöre zum Team!

Begrüßung und Gebet

Einleitung
Ladet einen echten Fußballtrainer ein und interviewt ihn.
Als Kulisse wird ein Fußballfeld mit Toren auf der Bühne aufgebaut.
Würdest du uns mal ein Team hier aufstellen und kurz sagen, wer welcher Spieler ist?
a) Was ist bei einer Fußballmannschaft besonders wichtig?
b) Ist es denn schlimm, wenn einer den Ball nicht abgibt?
c) Woran müssen sich alle Spieler halten? Warum?
d) Was müssen Spieler tun, damit sie gute Spieler werden?
e) Womit muss man beim Fußballspielen rechnen?

Antworten auf Papier schreiben und ans Tor hängen:
zu a) Begabung, Können – jeder hat von Gott eine bestimmte Aufgabe bekommen;
Teamwork/Mannschaft (alle wichtig) – alle in der Gemeinde sind wichtig.
zu b) Teamwork ist wichtig, denn einer allein kann es nicht schaffen.
zu c) Regeln – Gottes Gebote
zu d) üben/trainieren – üben, geistliche Übung – Bibellesen, beten, Gemeinschaft.
zu e) Verletzungen – innere Verletzungen

Lernvers

»Alles nun, was ihr wollt, das euch die Leute tun sollen, das tut ihnen auch« (Mt 7, 12).

Zweimal drei Freiwillige werden aufgerufen. Alle drei sind bei ihrem Tor. Je einer der Mannschaft hat den Ball oder Ballon und beim Pfiff müssen die Spieler mit dem Ball versuchen, möglichst schnell zum gegnerischen Tor zu kommen. Erst, wenn sie angekommen sind, darf die eigene Mannschaft die Zettel zu einem Satz zusammenlegen. Wer zuerst fertig ist, hat gewonnen und liest den Vers laut vor. Im Wechsel der Seiten wird der Vers Wort für Wort aufgesagt. D.h. wir machen »la ola«, die Welle und stehen immer dann auf, wenn wir reden. (Denn echte Fußballfans hält es nicht auf den Stühlen, wenn ein Tor fällt.)

»Kinderpredigt«

Die »Geschichte« erzählen und dabei auf den Overheadprojektor schreiben bzw. malen: Jesus hatte auch eine Mannschaft, *ein Team* (das Wort Team schreiben), das waren die Jünger.

Genau wie wir hatte jeder in Jesu Mannschaft bestimmte Gaben und Talente. Da gab es Petrus, Johannes ... (dabei weitere Männer malen).

Auch in dieser Mannschaft war Teamwork wichtig.

Aber eines Tages stritten die Jünger miteinander. Sie überlegten, wer wohl der Größte unter ihnen sei. (Das Wort *Streit* ausschreiben).

Sie hatten vergessen, dass jeder in einer Mannschaft wichtig ist.

Jesus sagte, dass sie einander dienen und helfen sollten. Dann gibt es Einheit.

(Das Wort *Einheit* ausschreiben und Streit durchstreichen.)

Es war für die Jünger nicht immer leicht. Und es ist für uns nicht immer leicht. Wir sind als Familie oder Gemeinde auch ein Team.

Es ist wichtig, sich an bestimmte Regeln zu halten. Jesus hat seinen Jüngern gesagt, was sie tun und lassen sollten. Gott hat auch uns Regeln gegeben, z. B. seine Gebote. Es ist doch gut, dass wir nicht töten sollen, denn dann werden wir nicht getötet.

Wir müssen hören (das Wort *hören* ausschreiben) und tun, was Jesus sagt. Trotz allem kann es sein, dass wir verletzt werden. Selbst guten Fußballern passiert das.

Auch in der Familie und Gemeinde kann man verletzt werden.

Dann sollten wir aber nicht streiten (auf das Wort *Streit* zeigen), sondern dem anderen vergeben.

Wenn sich jeder von uns entscheidet, zum Team zu gehören, trotz aller Schwierigkeiten (das Wort *ge* und *zum* ausschreiben), dann gibt es Einheit.

Gute Fußballer rennen nicht vom Platz, wenn es schwierig wird.

Predigt

1. Vorbereitung auf das Spiel!
   Training, Regeln können, Gehorchen, Treu sein

2. Das Spiel!
   Zusammenspielen, seinen Platz ausfüllen, mutig sein, Verletzungsrisiko auf sich nehmen

3. Die Mannschaft verfolgt beim Spiel ein Ziel!
   Sieg – anderen von Jesus zu erzählen.

Gebet/Schluss

3. Arbeitsblätter

Arbeitsblätter für jeden

für jeden

Gottesdienstentwurf

Gottesdienstentwurf

(für Kinder)

(für Kinder)

(Diese Arbeitsblätter können für die *eigene* Kinder-,
Familien- und Gemeindearbeit kopiert werden.)

2.1.

Name:

Beantworte folgende Fragen:

1. Hat der König Joschafat in eigener Kraft gekämpft?

2. Wer hat für den König gekämpft?

3. Hilft Gott auch uns?

4. Wann sollten wir Gott loben?

5. Welche zwei Straßennamen verbergen sich hier? Wo möchtest du wohnen?

NMNUNRNRNSNTNRNANSNSNEN

NLNONBNPNRNENINSNSNTNRNANSNSNEN

Gott vergibt uns gerne!

Name:

1. Wie oft sollen wir anderen Menschen vergeben?

  1× am Tag   7× am Tag   40× am Tag   immer

2. Menschen haben oft folgende Eigenschaften:
(Schreibe auf die Leerzeile, wie Gott ist.)
vergeben nicht gerne

handeln und denken lieblos

sind oft geizig

denken Schlechtes von anderen

sind oft ungeduldig

2.3.

Gott ist ein helfender Gott!

Name:

Beantworte die folgenden Fragen:

1. Wie nannte man den König von Ägypten?

___ ___ ___ ___ ___ ___

2. Welches Volk wollten die Ägypter nicht ziehen lassen?

___ ___ ___ ___ ___ ___

3. In welchem Buch der Bibel finden wir die »Rufnummer« Gottes?

___ ___ ___ ___ ___ ___ ___

4. Wie hießen die Tiere, mit denen Pharao im Meer ertrunken ist?

___ ___ ___ ___ ___

5. Zu wem schrie Mose in dieser schwierigen Zeit?

___ ___ ___ ___

Wenn du die richtigen Wörter gefunden hast,
kannst du jetzt den Lösungssatz vervollständigen:

Gott _____ auch mir!

2.4.

Ich bin wichtig!

Name:

Warum ist es wichtig, dass alle Körperteile zusammenarbeiten?

Warum ist es wichtig, dass wir in unserer Familie, Gemeinde und unserem Umfeld zusammenarbeiten?

Gibt es Kinder in deiner Klasse, mit denen du nicht auskommst?
Was könntest du tun, damit euer Verhältnis besser wird?

2.5.

Entscheide dich richtig,
denn deine Entscheidung ist wichtig!

Name:

1. Welches Wort war heute besonders wichtig?
   Sortiere die Buchstaben in die richtige Reihenfolge.

N T E C H E D U G N S I

___ ___ ___ ___ ___ ___ ___ ___ ___ ___ ___ ___

2. Worin unterscheiden wir uns von einem Roboter?

3. Was für Entscheidungen können wir treffen?

4. Wo fällt es dir schwer, gute Entscheidungen zu treffen?

2.6.

Ich bin wunderbar gemacht!

Name:

---

1. Was sagte Gott über die Schöpfung der Tiere und Pflanzen? (Kreuze an.)

Es war... schlecht ☐ mittel ☐ gut ☐ sehr gut ☐

2. Was sagte Gott über die Schöpfung des Menschen? (Kreuze an.)

Es war... schlecht ☐ mittel ☐ gut ☐ sehr gut ☐

3. Für welche Dinge an dir (Können, Aussehen) könntest du Gott danken? Schreibe einige auf!

4. Was solltest du sagen, wenn du dich im Spiegel betrachtest? (Lösung s. Bild rechts)

Ihr seid meine Freunde,
wenn ihr tut, was ich euch gebiete!

Name:

Was erwartet Jesus von seinen Freunden? Kannst du das Wort aus dem Gesicht lesen? Schreibe es daneben!

Welcher Bibelvers ist hier versteckt? (Lies die Wörter von hinten nach vorn und schreibe den Vers richtig darunter.)

rhi dies eniem ednuerf, nnew rhi tut, saw hci hcue eteibeg.

2.8.

Ich will ein Wohlgeruch für Jesus sein!

Name:

1. Was haben Paulus und Silas im Gefängnis gemacht?

2. Wie kannst du ein Wohlgeruch für Jesus sein?
   (Z. B. in der Schule oder zu Hause)

3. Finde das Gegenteil:

Anderen dienen —

murren —

sich streiten —

Gutes über andere sagen —

Andere ermutigen —

121

2.9.

Die Bibel ist Gottes Wort,
durch sie redet er zu mir an jedem Ort.

Name:

1. Wie alt war Josia, als er König wurde?

2. Lebte er so wie sein Vater ?

3. Was ist die Bibel? Ergänze die fehlenden Buchstaben!

D__e   B__b__l   is__   ei__   B__ief   G__tt__s

a__   mi__h !

4. Das soll Psalm 119, 105 sein, aber da hat jemand ganz
viele Buchstaben dazwischen geschrieben. Kreise die
richtigen Wörter ein!

A R W D E I N X C W O R T X X Z T R F T R
I S T X X L M E I N E S X X F U S S E S Z
L E U C H T E X Y U N D X Q E I N W R F T
U L I C H T M Q A U F X M S M E I N E M Y
O U W E G T R E T R E U Z P M N E R T M W
P L T P S 1 1 9 , 1 0 5 W T R T G F H R T

123

2.10.

Name:

1. Wie hieß das Tier, das Jona aus dem Wasser rettete?

2. Warum wurde Jona ins Wasser geworfen?

3. Fällt es dir auch manchmal schwer, gehorsam zu sein?

124

125

2.11.

Säe das, was du ernten willst!

Name:

1. Kennst du Pflanzen, die einen kleinen Samen haben,
   aus denen aber eine große Pflanze oder sogar ein Baum
   entsteht?

2. Wo fällt es dir schwer guten Samen auszusäen, d.h.
   Gutes zu tun, freundlich zu sein oder anderes?

2.12.

Liebe üben!

Name:

Jesus wusch seinen Jüngern die Füße, weil er sie

!

Male auf die Rückseite des Blattes deinen Fuß und schreibe die Namen von Leuten auf, denen du deine Liebe zeigen könntest (z.B. Oma, Eltern, Klassenkameraden).

2.13.

Dankbarkeit

Name:

Benutze diesen Schlüssel und finde den Vers heraus:

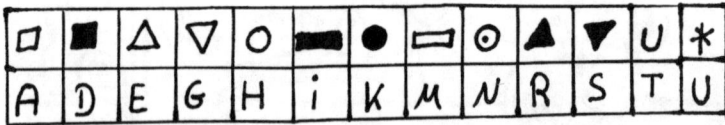

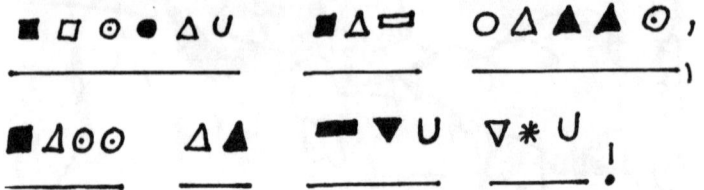

1. Passiert es dir auch manchmal, dass du vergisst, Jesus zu danken, wenn er dir geholfen hat?

2. Wofür kannst du Jesus danken? Schreibe einige Dinge auf:

2.14.

Rede, Herr, denn dein Knecht hört!

Name:

Beantworte die folgenden Fragen:

1. Redet Gott nur zu Erwachsenen?

2. Wie hieß der Junge, zu dem Gott geredet hat?

3. Wie redet Gott heute zu uns? Schreibe eine Möglichkeit auf!

Gott ist immer größer!

Name:

1. Schreibe auf wann du ängstlich bist? (Benutze die
   Rückseite dazu!)

2. Hilf den Kundschaftern wieder ins Lager zurück!
   Male eine Linie!
   3 Felder hoch, 4 rechts, 2 runter, 2 rechts, 3 hoch,
   4 links, 3 hoch, 4 rechts, 1 runter, 2 rechts, 6 runter,
   8 links. Du musst jetzt wieder im Lager sein.

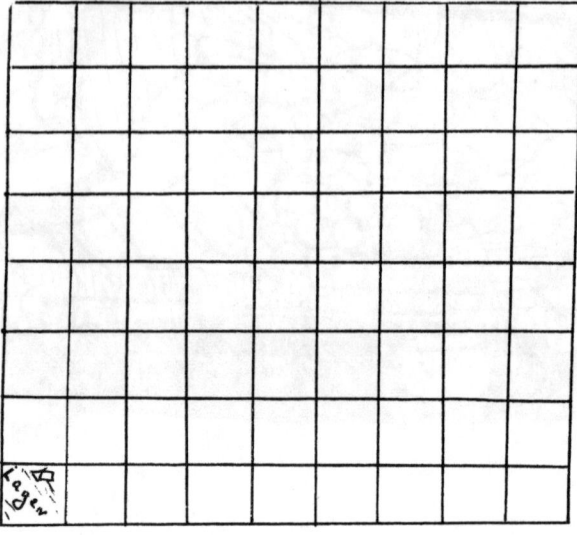

135

Der liebende Vater!

Name:

Gott hat viele Eigenschaften, für die wir dankbar sein
können.
Streiche die Eigenschaften durch, die nicht zu Gott passen.
Es ist in jeder Zeile nur eine.

reich	hart	liebevoll
großzügig	ungerecht	versorgt
kalt	Zufluchtsort	geduldig
vergibt	launisch	verändert sich nicht
geduldig	grausam	hat Zeit
gütig	freundlich	bestraft den Sohn
hart	herzlich	enttäuscht nicht

Gemeinsam und mit Jesus sind wir stark!

Name:

Bestimmt hat sich der Gelähmte über die Heilung gefreut.
Findest du noch mehr Reaktionen?
Suche die Wörter im unten stehenden Buchstabensalat
(nur waagerecht und senkrecht)! Kreise sie ein!

```
O M C C V F R E U D E J O K F D
A L K X A U I H L N H Z B L R N
S P R I N G E N A V N E S O I K
D T E L N J K Z C E D S T N E L
J L R B M A N K H U B E L T D M
A H J E K N F R E G T R B M E U
U O P Q R E T U N E W X Y Z N H
C C D E F I H I J B K L M N R O
H A D V Y N T A N Z E N V Z N M
Z D E F G G J K L N P O P Q K R
E D E K J E L D S G V B N T T R
N H J M C N C V T N X T F R S N
C F G G H F E I E R N K P L X M
V D A N K B A R K E I T E G H G
Y S F F E G N E D B N M K L X L
E R L E I C H T E R U N G N F G
```

2.18.

Name:

Gott verspricht nach der Sinflut, die Erde nicht noch einmal so zu überschwemmen. Mit welchem Symbol tut er das?

Male das Bild mit den Farben aus, die angegeben sind.

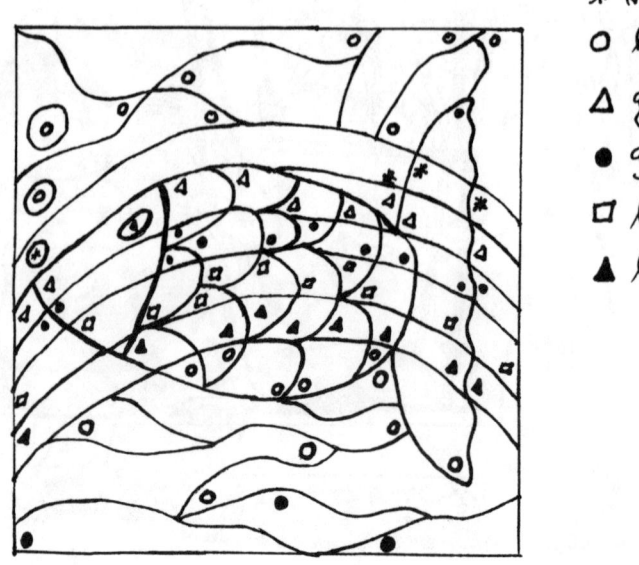

* rot
O hellblau
△ gelb
● grün
□ blau
▲ lila

2.19.

Name:

1. Der Gelähmte brauchte Hilfe. Brauchst du auch Hilfe?
   Schreibe auf, wobei!

2. Überleg mal, wie du anderen helfen kannst!

3. Hier sind einige Buchstaben verloren gegangen. Hilfst du,
   die richtigen zu suchen?
   (Ein kleiner Tip: Streiche unten immer den Buchstaben
   weg, den du eingesetzt hast!)

S__ __d   a__e__   m__tein__nd__r   fr__und__ich,
h__rzli__h   __nd   v__ __ geb__   e__nan__e__,
so   w__e   G__tt   e__ch   verg__be__
h__t   i__   Chr__stus.

a a b c d e e e e e e i i i i i l n n o r r t u u

2.20.

Jesus ist das Licht der Welt!
Ich will auch ein Licht sein!

Name:

1.Wohin sollte Philippus gehen?

2. Wen traf er dort?

3. Was hat dieser Mann gelesen?

4. Hat er geglaubt, was Philippus ihm erzählt hat?

145

Name:

Folge dem Spinnennetz und setze die Buchstaben in die richtige Reihenfolge, dann bekommst du das Lösungswort heraus!

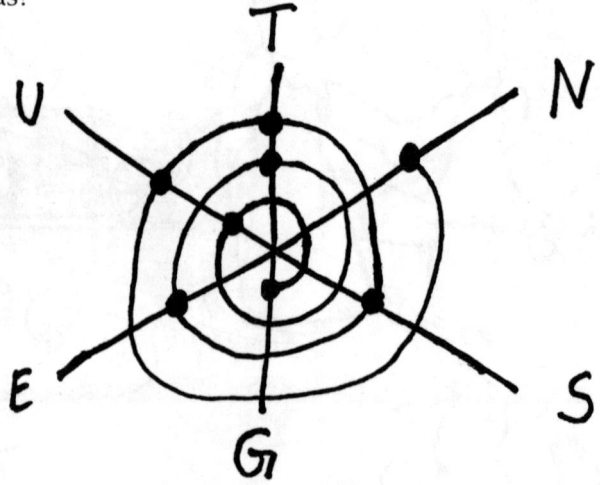

Male deine Hand auf die Rückseite dieses Blattes und überlege, wem du etwas Gutes tun könntest und was das Gute sein könnte.
Schreibe in jeden Finger deiner Hand einen Namen und eine Tat.

2.22.

Gehöre zum Team!

Name:

1. Ist in einer Mannschaft jeder wichtig?

2. Sollte man möglichst lange den Ball behalten oder möglichst gut an andere Spieler abgeben?

3. Solltest du in deiner Familie, in der Schule oder in der Gemeinde mit anderen freundlich und fair umgehen, oder ist es egal, wie man miteinander umgeht?

4. Schreibe auf, was für eine Mannschaft wichtig ist: z. B. abgeben.

4. Bibelstellen

Bibelstellen

der Lernverse

der Lernverse und

und biblischen

biblischen Geschichten

Geschichten

Lernvers	**im Entwurf für Familiengottesdienste**
1. Sam 3,9	2.14.
2. Chr 20,21	2.1.
Ps 50, 15	2.3.
Ps 106, 1	2.13.
Ps 119,105	2.9.
Spr 28, 13	2.10.
Mi 6,8	2.12.
Mt 7, 12	2.22.
Joh 1, 12	2.16.
Joh 3, 16	2.18.
Joh 8, 12	2.20.
Joh 15, 14	2.7.
Gal 6,7	2.11.
Eph 4,32	2.2.
Kol 3,15	2.4.
Tit 3,1	2.21.
1. Joh 4,4	2.15.

Bibeltext	**im Entwurf für Familiengottesdienste**
1. Mose 1	2.6.
1. Mose 6,9–9,17	2.18.
1. Mose 27–29	2.11.
2. Mose 14	2.3.
4. Mose 13+14	2.15.
1. Sam 3, 1–21	2.14.
2. Chr 20	2.1.
2. Kön 21–23	2.9.
Ps 139, 13–14	2.6.
Jona 1–4	2.10.
Mt 18, 21–35	2.2.
Mt 26,69–75	2.5.
Lk 5, 17–26	2.17.
Lk 15, 11–32	2.16.
Lk 17, 11–19	2.13.
Lk 19,1–10	2.7.
Joh 13	2.12.
Apg 3, 1–16	2.19.
Apg 8, 26–39	2.20.
Apg 9, 36- 43	2.21.
Apg 16, 25–34	2.8.
1. Kor 12, 12ff	2.4.
2. Kor 2, 15	2.8.
Gal 5, 22	2.11.

Anmerkungen

Anmerkungen

1. zu beziehen: Bibellesebund-Verlag, Postfach 11 29, 51703 Marienheide

2. »Gottes Wort und ich«, Teil 1; Lektion Josia; Flanellbilder und Text;
   Bezugsadresse: Kinder-Evangelisations-Bewegung, 35236 Breidenbach

3. Bezugsadresse: Deutsche Bibelgesellschaft, Postfach 81 03 40, 70520 Stuttgart. Bitte rechtzeitig bestellen! Es handelt sich hierbei um ein Blättchen mit Informationen über die Bibel, das man auf eine bestimmte Art falten muss, um es lesen zu können.

4. Paul White: Dschungeldoktor. Set mit 6 Heften. Hänssler, Neuhausen 1998

5. Einen witzigen Fischkopf, der das Maul auf- und zumachen kann, findet man z. B. in: »Das große farbige Bastelbuch für Kinder«, Falken-Verlag; S. 61–63

6. aus: Christian A. Schwarz: Liebe-Lern-Prozeß, S. 21; C + P-Verlag 1990.
   In diesem Buch sind noch weitere gute Anregungen zu diesem Thema.

7. nach einer Idee von King's Kids

8. Farbfolien zu beziehen bei Bibellesebund-Verlag, Postfach 11 29, 51703 Marienheide; Titel: »Einer dankt«.

9. Idee aus: Gladys Williscroft: »Sag es mit Gegenständen«, Lektion 3 + 29

10. aus: »Stundenentwürfe für Vorschulgruppen. Jan.–Juni 1984, Bundes-Verlag, Witten

11. Bezugsadresse: Bibellesebund-Verlag, Postfach 11 29, 51703 Marienheide

12. aus: Gladys Williscroft: »Sag es mit Gegenständen«, Lektion 19

13. Bezugsadresse: Pastor K. Rudkin, Stuttbergstraße 65, 42107 Wuppertal

14. Bezugsadresse: Hänssler-Verlag, Postfach 12 20, 73762 Neuhausen

15. Buchempfehlung: Helmut Uhrig: »Sprechzeiten«, Born-Verlag, Kassel 1989

Die Rätsel auf S. 130, 134 und 140 stammen von Christiane Käsch.

Die Bilder zum Ausmalen für Kinder kann man auch sehr gut auf Overheadfolien kopieren.
Im Familiengottesdienst wird die biblische Geschichte dann mit Hilfe der Folie erzählt. Man kann die Kinder fragen, was sie auf den Bildern sehen und sie das Bild beschreiben lassen.
Das ist besonders dann eine gute Hilfe, wenn man z. B. keine Flanellbilder oder anderes Anschauungsmaterial zum Erzählen der biblischen Geschichte hat.

hänssler

Weitere Praxisbücher

Cornelia Mack (Hrsg.)
Praxisbuch Frauenarbeit
Band 1: Nr. 55.570, ISBN 3-7751-2389-X
Band 2: Nr. 392.830, ISBN 3-7751-2830-1
Pb., 320 u. 340 S.

Komplett ausgearbeitete Stundenentwürfe, wertvolle und
ausführliche Anregungen: Anspiele, Bastelideen,
Geschichten, Ideen für Zeiten der Stille, Gebete ...

Außerdem werden wichtige Themen und Fragen der
Frauenarbeit angesprochen:
• Vom Umgang mit Belastungen
• Dankbarkeit als Lebensstil
• Beziehungsstörungen
• Mode – was sagt die Bibel dazu?
• Frauen der Bibel
• Feste feiern im Kirchenjahr
u.a.

Bitte fragen Sie in Ihrer Buchhandlung nach diesen Büchern!
Oder schreiben Sie an den Hänssler-Verlag, Postfach 12 20,
D-73762 Neuhausen.

hänssler